Emilia deLuca

Ein Song für Malena

Das Buch

Malena hat die Chance, ein neues Kapitel in ihrem Leben aufzuschlagen. Als Journalistin berichtet sie über ein Festival und kann sich dabei endlich klarwerden, was sie will.

Doch sie ahnt nicht, dass ausgerechnet der Popstar Lenn, über den sie eine Reportage machen will, all ihre Pläne über den Haufen wirft.

Tauche ein in diese prickelnde Kurzgeschichte, die deine Fantasie zum Glühen bringen wird.

Emilia deLuca

Ein Song
für Malena

tredition

Bibliografische Information der Deutschen Nationalbibliothek: Die Deutsche Nationalbibliothek verzeichnet diese Publikation in der Deutschen Nationalbibliografie; detaillierte bibliografische Daten sind im Internet über dnb.dnb.de abrufbar.

Lektorat von: K. Wöllmer-Bergmann
Coverdesign von: Canva, https://canva.com
Covergrafik von: Canva

Verlagslabel: Emilia deLuca, https://emiliadeluca.de

Druck und Distribution im Auftrag der Autorin:
tredition GmbH,
Heinz-Beusen-Stieg 5
22926 Ahrensburg, Deutschland

Softcover ISBN: 978-3-384-16318-9
E-Book ISBN: 978-3-384-16319-6
Großschrift ISBN: 978-3-384-16320-2

Für Jenny

Sei mutig und bleib dir immer treu.

Malenas Chance

»Willst du in deinem Job denn nie weiterkommen? Da, wo du jetzt bist, hast du doch keine Perspektive. Du hättest doch studieren sollen«, sagt Jacob mit diesem Unterton, den er neuerdings immer benutzt, wenn er mir seine Unzufriedenheit zeigen will. »Ich habe dir schon dreimal gesagt, dass du mit Mel reden sollst, damit sie dir endlich die guten Projekte gibt, aber du tust es einfach nicht. Nutz doch endlich deine Chance, Malena, und mach etwas aus dir!«

Ich kann es nicht mehr hören.

›Und nur fürs Protokoll: Ich habe studiert, nur nicht wie du an einer Elite Universität, du Idiot. Sondern, wie jeder normale Mensch, der nicht alles von Mami und Papi bezahlt bekommt, an einer staatlichen Uni. Und ich habe Journalismus studiert, weil ich die Welt bereisen und keine langweiligen Berichte wie jetzt schreiben will.‹

Ich will das nicht laut aussprechen, es würde nur zu noch mehr Streit führen, den wir in letzter Zeit eh schon genug haben. Wir beide merken, dass unserer Beziehung die Luft ausgeht. Wir kommen nicht mehr miteinander klar, aber ich habe keine Lust auf Streit. Also schaue ich ihn nur an und schweige.

Mein Job macht mir keinen Spaß mehr. So hatte ich mir das alles nicht vorgestellt.

Anfangs war es okay, aber jetzt mache ich immer das Gleiche und muss mich in Kostüme quetschen, wenn ich an Pressekonferenzen teilnehme.

Ich mag keine Pressekonferenzen. Ich dachte, wenn ich bei einer angesagten Zeitschrift wie ›*New Style & Music*‹ arbeite, erlebe ich auch etwas. Aber vielleicht bekomme ich jetzt die Chance, mehr daraus zu machen.

So, wie Jacob es sich wünscht.

»Denkst du daran, dass ich die ganze nächste Woche nicht da bin? Ich hatte dir doch von dem Festival erzählt, auf das mich Mel schickt. Ich soll darüber berichten.« Ich hole kurz Luft. »Vielleicht nutzen wir die Woche, um eine Beziehungspause einzulegen. Danach fahre ich wahrscheinlich noch ein paar Tage zu meiner Oma. So hat jeder genug Zeit zum Nachdenken.«

Jacob legt das Börsenblatt zur Seite und schaut mich überrascht an. »Damit habe ich jetzt zwar nicht gerechnet, aber, ja ok. Probieren wir es.«

Ich bin erleichtert über seine Reaktion.

Meine Gedanken sind auch schon wieder beim Festival. ›*Endlich muss ich mal kein Kostüm tragen.*‹ Allein der Gedanke zaubert mir ein Lächeln in mein Gesicht.

»Was ist, warum freust du dich so? Etwa wegen des Festivals?«, will Jacob wissen. Ich schüttle nur meinen Kopf.

›*Natürlich wegen des Festivals, aber das muss er ja nicht wissen.*‹ Für so etwas hat er eh nichts übrig, wie auch, als Banker ist man langweilig und trägt auch privat Anzüge, so ist es jedenfalls bei Jacob.

Obwohl ich auch den ein oder anderen Banker kenne, der in seiner Freizeit locker und entspannt ist.

Ich hatte Jacob damals kennengelernt, als ich über den Konzern, wo er arbeitet, berichtete.

Am Anfang war es auch schön mit ihm, nur dann war ihm das Business wichtiger als alles andere.

Auch ich soll Karriere machen, wie stünde er sonst bei seiner Familie und Freunden da, mit einer Frau an seiner Seite, die beruflich nicht vorwärtskommt?

Er will allen zeigen ... ja was eigentlich? Dass Karriere alles ist? Dass das dicke Auto vor der Haustür zeigt, wer man ist? Mein Ding ist das nicht. Ich halte nichts von diesem Statussymbol.

»Vergiss es bitte nicht, ok?«, bitte ich ihn und schaute ihn fragend an. Er nickt nur und wieder mal habe ich das Gefühl, ihn zu enttäuschen. Noch ein Grund, warum ich mich freue, rauszukommen.

Die Woche ist eine Chance für mich ...

Ankunft beim Festival

Heute ist es soweit. Ich hole meine Unterlagen im Büro ab. Die Pressemappe ist ganz schön dick und voll mit Papierkram.

Jede Menge Informationen über den Ablauf, die Bands und eine Übersicht von allen Pressekonferenzen.

Nach vier Stunden Zugfahrt bin ich endlich da.

Ein Shuttlebus für die Presse steht schon bereit. Es geht direkt zum Festival.

»Wir haben keine Zeit zu verlieren. Die erste Pressekonferenz startet in weniger als einer Stunde«, sagt eine Frau, die sehr wichtig aussieht und an jeden einen Presseausweis für das Festival verteilt. »Der erste Künstler wartet schon: Lenn.«

›Auf Lenn freue ich mich, seit ich gesehen habe, dass er bei dem Festival dabei ist. Ich liebe seine Musik.‹

Durch meinen Presseausweis darf ich sogar hinter die Bühne und ganz nah an die Musiker ran. Es ist mein erstes Festival als Journalistin.

Viele Bands sind schon eingetroffen und die ersten Proben laufen bereits. Nur die Presse ist schon anwesend, die Fans kommen erst in den nächsten Tagen. Und ich bin mittendrin.

›Was für ein Gefühl!‹

Mel lässt mir fast freie Hand, was den Schwerpunkt des Artikels angeht. Nur eins hat sie betont: »Malena, es muss ein Knaller-Artikel werden.«

Ich weiß auch warum: Ich war für das Festival nicht vorgesehen. Jo wurde krank und ich habe mich sofort freiwillig gemeldet. Mel passte das gar nicht, denn ich hatte keinerlei Festivalerfahrungen im Gegensatz zu Jo.

Ich werde hinter die Bühne gewunken und kann gar nicht glauben, dass ich gemeint bin. Die Probe von Lenn und seiner Band läuft schon.

Ich bekomme Herzklopfen. Lenn, der Sänger, schaut mich immer mal wieder an.

»Hi, du kannst Lenn gleich nach seiner Probe interviewen. Am besten wartest du hier, dann bekommst du auch von der Probe noch etwas mit«, sagt der junge Mann aus der Crew und verschwindet auch schon wieder.

Ich kenne das Lied, das sie gerade proben und singe leise mit. Diesen Song muss man laut hören und live ist es noch besser.

Eine Frau steht auf einmal neben mir. »Hi, ich bin Susa Büsing, seine Tourmanagerin. Wie ich sehe, magst du seine Musik. Das ist schön.« Ich lächle sie nur an und nicke. »Du bist die Nächste.« Sie blättert in ihrer vollen Mappe. »Sagst du mir bitte noch deinen Namen? Dieser Papierkram macht mich noch wahnsinnig.« Das kann ich verstehen: Wenn ich nur an die dicke Pressemappe denke, bin ich auch genervt.

»Ich bin Malena Jansen von *New Style & Music*.« Sie nickt, als sie den Namen der Zeitschrift findet und schaut mich verwundert an.

»Jo ist krank, ich bin der Ersatz«, erkläre ich.

»Ok, alles klar, gleich geht es los, Malena«, sagt sie und verschwindet hinter der Bühne.

»Hey, bist du meine Interviewpartnerin?«, fragt Lenn, als er an den Bühnenrand kommt.

»Ja, ich bin Malena, freut mich.«

»Lass uns hinter die Bühne gehen, da haben wir Ruhe und du kannst mir Fragen stellen.« Ich folge ihm in den Backstage-Bereich.

›*Wow, ich bin überwältigt, versuche aber, mir nichts anmerken zu lassen.*‹

»Komm, setz dich. Du bist das erste Mal hier oder?«

›*Na toll, hat ja super geklappt.*‹

»Ja, und ich freue mich, dabei zu sein. Dein erstes Mal ist es ja nicht.«

›*Was quatsche ich da eigentlich?*‹

»Hey, entspann dich«, zwinkert er mir zu.

›*Wenn das so einfach wäre.*‹

Susa taucht mit Getränken für uns auf, während Lenn mir von der Probe erzählt. Ich beobachte ihn. Er erzählt und erzählt, ohne dass ich ihm nur eine Frage stellen muss. Seine Augen strahlen und ich starre ihn schon viel zu lange an.

»Ich habe gesehen, dass du am Bühnenrand mitgesungen hast. Gefällt dir meine Musik?«

›*Wenn du wüsstest! Ich höre deine Musik im Auto auf dem Weg zur Arbeit um gute Laune zubekommen. Das sollte ich vielleicht nicht sagen.*‹

»Ja, ich höre deine Musik sehr gerne, da bekommt man richtig gute Laune, besonders auf dem Weg zur A...

Ach Mist!« Ich haue mir mit der Handinnenseite gegen die Stirn.

›*Das wollte ich doch nicht sagen, so eine Scheiße.*‹

»Was hast du?«, fragt er.

»Das mit der guten Laune wollte ich nicht sagen«, sage ich mit gesenktem Kopf.

»Aber was ist so schlimm daran? Ich freue mich, wenn man von meinen Songs gute Laune bekommt«, sagt er mit einem Lächeln.

›*Wie süß von ihm.*‹

»Na ja, nur dass ich deine Musik laut im Auto auf dem Weg zur Arbeit höre«, erwähne ich lieber leise.

Er muss lachen. »Oh, hast du sonst schlechte Laune bei der Arbeit?« Ich nicke schüchtern, immerhin vertrete ich hier gerade die Zeitschrift, für die ich arbeite, da sollte ich nicht schlecht über sie reden.

»Ich freue mich, dass ich dir jeden Morgen ein Lächeln in dein hübsches Gesicht zaubere«, sagt er lächelnd.

›*Hat er das gerade wirklich gesagt?*‹

»Seid ihr fertig?«, fragt Susa, die Tourmanagerin.

›*Seit wann steht sie da?*‹

»Ja, klar«, antwortet Lenn und zwinkert mir zu. Wir stehen auf und im Vorbeigehen sagt er leise zu mir »hat mich gefreut, bis später.«

Ich habe noch zehn weitere Interviews an diesem Tag, aber mein erstes geht mir nicht mehr aus dem Kopf.

Am Abend fahre ich erschöpft ins Hotel. In der Lobby sehe ich Lenn, der mich entdeckt und zu sich winkt.

»Hey, Malena, stimmt's?«, fragt er freudig.

›*Er hat sich echt meinen Namen gemerkt, Wahnsinn. Jetzt nur nicht ausflippen.*‹

»Setz dich doch. Wie war dein erster Tag hier auf dem Festival?«, möchte er wissen.

»Aufregend.«

»Na, warte mal ab, bis es hier richtig losgeht. Wenn die ganzen Fans erst einmal da sind, geht es hier richtig ab.« Ein Kellner fragt uns, was wir trinken wollen, und Lenn bestellt für uns. »Was machst du, bis die Konzerte beginnen?«, fragt er neugierig.

»Meine Chefin lässt mir zwar fast freie Hand, aber es wäre gut, wenn ich bei so vielen Proben wie möglich dabei bin. Interviews sollte ich natürlich auch führen. Aber mich persönlich interessiert mehr, was hinter der Bühne passiert, das, was niemand mitbekommt. Weißt du, was ich meine?«

»Ja, klar. Was hältst du davon, wenn ich dir diese Möglichkeit gebe? Ich müsste das natürlich noch mit Susa absprechen, aber ich glaube, sie hat nichts dagegen, wenn du einen exklusiven Bericht über mich und meine Band schreibst. Meine Band ist seit mehreren Jahren quasi meine Familie.«

Ich mache innerlich Luftsprünge. Eine Riesenchance!

»Das wäre toll! Moment, ich gebe dir meine Karte, da steht meine Nummer drauf. Deine Managerin kann mich dann ja anrufen.« Er holt sein Smartphone raus und tippt meine Nummer ein. Sein Handy piept.

»Oh, das ist meine Schlaferinnerung. Morgen heißt es wieder früh aus den Federn.« Wir stehen auf und er drückt mich zum Abschied und flüstert mir »danke für den schönen Abend« ins Ohr. Dann gibt er mir einen Kuss auf die Wange.

In meinem Hotelzimmer falle ich auf mein Bett. Ich kann nicht glauben, was da gerade passiert ist, und schlafe erschöpft, aber glücklich ein.

Unerwarteter Besuch

Am nächsten Morgen weckt mich mein Smartphone: *Guten Morgen, ich hoffe, ich habe dir heute schon ein Lächeln in dein hübsches Gesicht gezaubert!*

Die Nachricht ist von Lenn, es ist viertel vor sieben.

Ich antworte ihm: *Guten Morgen, da ich nicht ins Büro fahren muss, habe ich heute noch keine Musik gehört. Aber ich freue mich, von dir zu hören.*

Ich lege das Smartphone neben mir auf das Kissen und kann nicht glauben, dass ich gerade mit Lenn, dem tausende Frauen zu Füßen liegen, geschrieben habe.

Es piept erneut und ich schaue nach. Eine Nachricht von Jacob, er fragt, wie der erste Tag war. Während ich sie lese, bekomme ich wieder eine Nachricht von Lenn: *Gute Neuigkeiten! Susa ist einverstanden. Lass uns nachher treffen und wir bequatschen alles weitere.*

›*Wahnsinn!*‹ Ich springe vor Freude aus dem Bett und tanze. Ich drehe die Musik laut auf und höre zu spät, dass es an der Hotelzimmertür klopft.

Ich werfe den Bademantel über und reiße die Tür auf.

»Ja, guten Morgen!«, sagt Lenn. Er starrt mich an. Ich sehe an mir herunter und mich trifft fast der Schlag: Der Bademantel ist offen und gibt den Blick auf meine schwarze Unterwäsche frei.

»Äh, wollten wir uns nicht nachher treffen?«, stottere ich mit knallrotem Kopf. Ich angle nach den Schnüren am Bademantel. Er grinst mich nur an.

»Darf ich reinkommen oder möchtest du noch anderen deine heiße Unterwäsche präsentieren?« Ich trete zur Seite, er hat Kaffee und Croissants dabei und stellt alles auf dem Tisch ab.

›Ich wusste nicht, dass wir zum Frühstück verabredet sind.‹

»Schön hast du's hier.« Er schaut sich um. »Es geht mich zwar nichts an, aber schläfst du immer in deiner Unterwäsche?« Ich kämpfe immer noch mit dem Bademantel. »Also meinetwegen brauchst du ihn nicht zuzumachen.« Er zwinkert mir zu.

»Natürlich habe ich nachts etwas anderes an.«

›Warum erzähle ich ihm das?‹

Er macht es sich auf einen der beiden Sessel bequem und beobachtet mich. »So wird das übrigens nichts. Du musst den Bademantel noch mal ausziehen.« Ich werfe ihm einen bösen Blick zu. »Nein, im Ernst. Der ist total verdreht.«

›Na toll, er hat auch noch recht. Peinlicher geht es ja wohl nicht!‹

Er steht auf und will mir helfen. Seine Hände berühren meine nackte Haut und es fängt in mir an zu prickeln. Er steht genau hinter mir. Ich genieße diesen kurzen Moment und schließe meine Augen. Er streicht mir sanft über meine Schultern.

Erschrocken öffne ich meine Augen, denn das, was hier gerade passiert, ist nicht richtig. Ich drehe mich zu ihm um und er lässt den Bademantel fallen.

Er beugt sich vor und küsst mich auf den Mund.

Es fühlt sich an wie eine Ewigkeit. Seine Hände berühren meine Arme und wandern zu meinen Schultern, hoch zu meinem Hals und verharren in meinem Gesicht. Ich greife nach seiner Hüfte und ziehe ihn enger an mich. Ohne darüber nachzudenken, dass er so meinen fast nackten Körper an seinem spürt.

»Du bist so hübsch und der Kuss ... wow«, sagt er und streicht mir eine Haarsträhne aus meinem Gesicht.

»Ich bin so gut wie nackt«, erwidere ich.

»Das gefällt mir«, sagt er lächelnd und hebt den Bademantel auf, um ihn mir anzuziehen.

»Der Kuss war ... aber ...« Er lässt mich nicht weiterreden und legt mir einen Finger auf meine Lippen.

Dabei meldet sich doch gerade mein Gewissen! Ich kann und darf das nicht, ich habe einen Freund, der zuhause auf mich wartet.

›Oh bitte, denk jetzt nicht an diesen Spießer Jacob, schließlich macht ihr gerade eine Beziehungspause. Genieße die Tage!‹

Wir setzen uns und frühstücken zusammen.

»Warum bist du so früh aufgestanden und frühstückst jetzt erst?«, möchte ich wissen.

»Erstens muss meine Stimme wach werden, damit ich sie nachher warm machen kann. Außerdem war ich schon joggen«, sagt er, beißt genüsslich vom Croissant ab und spricht dann weiter. Ich höre ihm zu und trinke dabei meinen Kaffee.

»Oh, ich muss los«, sagt er mit Blick auf die Uhr. »Sehen wir uns nachher?« Er lacht. »Na klar sehen wir uns nachher, du machst doch einen Exklusivbericht über meine Band und mich.« Er gibt mir einen Kuss auf den Mund. »Danke für diesen wunderschönen Morgen mit dir«, haucht er mir ins Ohr und verlässt mein Hotelzimmer. Ich sitze da und versuche, mich zu sammeln, denn das mit dem Kuss hätte nicht passieren dürfen.

Eine Stunde später bin ich auch schon in einem der Proberäume. Ich darf exklusiv bei der Besprechung dabei sein.

»Hi, Malena, such dir ein Plätzchen und nimm dir etwas zu essen oder zu trinken, wenn du magst. Es geht gleich los. Wenn du etwas brauchst, sag mir Bescheid«, sagt Susa.

Ich kann Lenn nirgends entdecken, also hole ich mir ein Wasser und setze mich auf einen Stuhl am Rand. Die Tür geht auf und Lenn betritt den Raum mit seinen Bandkollegen. Es kribbelt in meinem Bauch, als er mich ansieht.

›Vor einer Stunde hat er mich noch ... Starr ihn jetzt nicht an!‹

Ich hole mein Diktiergerät, einen Block und einen Stift aus meiner Tasche und beobachte das Geschehen. Lenn schaut zu mir herüber und lächelt.

Nach der Besprechung kommt Susa auf mich zu und bespricht die nächsten Termine mit mir. Susa erzählt mir, was alles geplant ist und wo ich überall dabei sein kann. Lenn ist schon los zum Soundcheck.

Danach brauche ich erst mal frische Luft und spaziere durch den Hotelgarten. Ich rufe Mel an und erzähle ihr von den Neuigkeiten. Sie flippt förmlich aus vor Freude.

»Toll gemacht, Malena!«, ruft sie. »Das wird der Aufmacher! Gib alles!«

Endlich antworte ich Jacob kurz und knapp noch mal auf seine Nachricht von heute früh: *Sorry, ich renne hier von einem Termin zu nächsten. Sei bitte nicht sauer. Bis die Tage.*

Natürlich stimmt das nicht, aber ich möchte jetzt nicht mit ihm reden. Nicht nach dem, was heute früh zwischen Lenn und mir passiert ist. Ich drücke mein Smartphone gegen meine Brust, schließe meine Augen und denke an heute Morgen.

An die Berührungen und an den Kuss, der sich so anders als bei Jacob angefühlt hat.

Ich hatte schon lange das Gefühl, dass bei Jacob und mir die Luft raus ist. Und ehrlich gesagt hatte ich auch keine Lust, mich so zu verbiegen, dass es ihm endlich recht ist. Ich passe nicht in sein Leben und das wird mir jetzt immer mehr klar.

Wäre mein Gefühl anders, wäre der Kuss heute Morgen nicht passiert. Ich muss mit Jacob reden, wenn ich wieder zurück bin.

Das Piepen an meiner Brust holt mich aus meinen Gedanken. Eine Nachricht von Lenn: *Na du Hübsche, was stehst du da so alleine im Garten herum?*

›*Beobachtet er mich?*‹

Ich drehe mich um, kann ihn aber nirgends sehen. Wieder piept es. *Lauf weiter.*

›*Er ist hier im Garten!*‹

Ich gehe weiter und tatsächlich, weiter hinten, etwas abgeschieden, steht er. Sofort zieht er mich an sich und küsst mich.

»Ich wollte dich kurz sehen«, lächelt er mich an. »Muss aber gleich wieder weiter.« Er küsst mich nochmals. »Bis später.«

Ich starre ihm hinterher. ›*Bis später?*‹

Ich krame den Zettel aus meiner Tasche. Tatsächlich, nachher geht's um den Merchandising-Stand und ich bin dabei. Mein Herz flattert. Jetzt muss ich aber erst zu den anderen Terminen.

Am Nachmittag schickt mir Lenn eine Nachricht: *Sehen wir uns heute Abend? Hast du Badesachen dabei?*

Natürlich habe ich Badesachen dabei, aber eigentlich wollte ich in die Sauna. Aber mit ihm zusammen? Das wird doch nichts.

Abends kehre ich zurück auf mein Hotelzimmer. Ich hätte nicht gedacht, dass ein Festival schon vor Beginn so aufregend ist.

Schon jetzt habe ich so viel Material, dass ich es von meinem Diktiergerät auf meinen Laptop laden muss. Beim Zimmerservice bestelle ich eine Kleinigkeit zu essen, es ist schon neunzehn Uhr. In einer Stunde treffe ich mich mit Lenn.

Aus meinem Koffer hole ich meine Badesachen und packe sie mit dem Bademantel in eine Tasche.

›Wer weiß, was als Nächstes passiert. Aber im Schwimmbad sind wir ja nicht alleine.‹

Ich packe vorsichtshalber noch mein Saunatuch ein, vielleicht ergibt sich ja doch noch eine Möglichkeit dazu. Allein der Gedanke, zusammen mit Lenn in der Sauna zu sein, macht mich nervös.

Am Eingang des Wellnessbereichs hängt ein Schild:

Heute geschlossene Gesellschaft!

›Äh, wie jetzt? Ist das ein Termin mit seiner Band? Mist, ich hätte doch noch mal auf den Zettel schauen müssen. Verdammt!‹

Die Tür geht auf und Lenn steht vor mir.

»Hereinspaziert«, trällert er und hält mir die Tür auf, die er hinter mir wieder verschließt. Er trägt einen Bademantel und Badelatschen. »So hoch geschlossen die Dame? Das müssen wir aber schleunigst ändern!« Er nimmt mir meine Tasche ab und geht voraus. »Dort drüben sind die Umkleiden, da kannst du dich umziehen.«

›Oh Mann, ich dachte gerade echt, er reißt mir die Kleidung vom Leib.‹

Lenn wartet im Schwimmbad auf mich, den Bademantel hat er mittlerweile abgelegt und trägt Badeshorts. Ich bemerke seinen durchtrainierten Körper. Er macht wirklich regelmäßig Sport. Zum Glück sieht er aber nicht wie ein Bodybuilder aus.

Er kommt auf mich zu und küsst mich. Mein Blick fällt auf seinen Oberkörper, auf die definierten Bauchmuskeln und seine schönen Schultern. Unter seinem linken Schlüsselbein ist ein kleines Tattoo. Ein verschnörkelter Buchstabe, den ich nicht entziffern kann.

›Von Nahem sieht er noch besser aus.‹

Ich streichle über seine Brust, seine Haut ist so zart. Meine Hände können einfach nicht aufhören. Und ich erkenne mich gar nicht wieder.

›Was fasziniert mich nur so an ihm? Ist es diese Leichtigkeit, mit der er durch den Tag geht? Ich glaube ja.‹

Er zieht mich an sich, so nah, dass ich alles von ihm spüre. Ihn haben meine Berührungen angemacht. Wir küssen uns und auch mich lässt das nicht kalt. Auch wenn sich wieder mein Gewissen meldet.

»Komm, lass uns ein paar Runden schwimmen«, sagt er und nimmt meine Hand. Das ist keine schlechte Idee, das Wasser wird mich abkühlen. Denn innerlich koche ich vor Erregung.

Nach ein paar Bahnen machen wir eine Pause am Beckenrand.

Er küsst mich, aber nur kurz. »Ich wollte noch in die Sauna, kommst du mit?«, fragt er.

›Nackt mit ihm in der Sauna, nein, ich binde mir mein Saunatuch um.‹

In der Sauna trägt er zum Glück ein Handtuch um die Hüften.

›Das hätte ich sonst echt nicht ertragen. Meine Selbstbeherrschung hängt am seidenen Faden.‹

Er erzählt mir von seinem Fitnessprogramm und ich staune, was er für ein Durchhaltevermögen hat. Ich könnte das nicht: Joggen, Fitnessstudio, Schwimmen, Sauna und dann noch ständig auf die Ernährung zu achten. Er muss sich ja fit halten.

Hier gibt es nur eine Gemeinschaftsdusche, stellen wir fest, als wir die Sauna verlassen. Ich drehe mich so, dass er, wenn er guckt, nur meinen Rücken sieht. Er hatte die gleiche Idee.

›Keine Chance für mich, einen Blick zu erhaschen, schade.‹

Eine heiße Dusche

An der Hotelzimmertür klopft es. Verschlafen stehe ich auf, ziehe mir den Bademantel über und halte ihn zu. Die Tür öffne ich nur einen kleinen Spalt. Vor mir steht Lenn mit Kaffee, Croissants und Obst in den Händen. »Guten Morgen«, sagt er lächelnd.

›So früh und so gute Laune, es ist gerade mal sieben!.‹
Ich trete zur Seite und lasse ihn herein. Er steht auf einmal hinter mir. »Das ist also deine Nachtwäsche.« Er starrt auf meine Brüste, die er fast komplett sehen kann.

»Ähm, na ja, also«, stottere ich. Unter meinem Bademantel trage ich nur einen knappen Slip. Er zieht mich an sich und küsst mich stürmisch. Ich schlinge meine Arme um seinen Nacken.

›Ob das eine gute Idee war, den Bademantel loszulassen?‹
Er schaut mir in die Augen.

»Ich glaube, ich habe noch etwas gut bei dir?« Er schaut auf meine Brüste. »Soweit ich mich erinnere, hast du mich gestern berührt und ich muss sagen, das hat mir gefallen.« Er setzt sich auf den Sessel in der Ecke und zieht mich an sich. Sanft fängt er an, über meine Brüste zu streichen. Sofort stellen meine Brustwarzen sich auf, obwohl er sie noch nicht einmal berührt hat.

Ich schließe meine Augen und beiße mir auf die Lippen, bevor mir ein Stöhnen entgleitet. Dann spüre ich seinen Atem an meiner Haut. Es macht mich fast wahnsinnig.

Meine Hände greifen nach seinen Haaren und ich ziehe ihn an mich heran. Er küsst meine Brustwarze. Seine Hände wandern an meinem Rücken hinunter zu meinem Po.

Meine Atmung beschleunigt sich. Seine Küsse werden immer intensiver.

Ich genieße es, bis mein Magen anfängt zu knurren. Seine Küsse wandern hoch zu meinem Dekolleté, über meinen Hals bis zu meinem Mund.

»Du hast Hunger, lass uns frühstücken. Heute habe ich mehr Zeit.«

Ich ziehe mir den Bademantel über und setze mich in den anderen Sessel.

›Hat das gerade etwas bei ihm gemacht?‹

Wegen der Tischplatte kann ich keinen Blick auf seine Hose erhaschen. Mist.

Während des Frühstücks summt mein Smartphone immer wieder. Eine E-Mail und neue Nachrichten erreichen mich. Lenn stört das nicht.

»Du, ich muss nach dem Frühstück zu einem Interview. Hast du später Zeit?«, frage ich. Lenn kommt zu mir und kniet sich vor mich, macht meinen Bademantel etwas auf und sagt zu meinen Brüsten: »Ich freue mich schon auf nachher.« Er küsst sie und danach mich. »Danke für den heißen Morgen.«

»Äh, ja gerne und Lenn, ich muss später unbedingt mit dir reden.«

Er geht zur Tür »Ja klar. Ich bin dann erst einmal joggen und im Fitnessraum.«

Aus dem einen Termin werden mehrere und ich schreibe Lenn eine Nachricht, dass es später wird. Susa möchte sich auch noch mit mir treffen und einiges besprechen.

Ich vermute, es geht um den ganzen Papierkram: Verschwiegenheitsklausel, was in den Artikel rein darf und was nicht und so weiter. Das, was eigentlich das Büro klären soll. Daher hoffe ich, dass Mel alles Rechtliche schon mit Susa geklärt hat.

Am Nachmittag kehre ich endlich zurück in mein Hotelzimmer und will mir gerade die Schuhe ausziehen, als es an der Tür klopft.

»Moment bitte!«, rufe ich und öffne die Tür. Lenn steht vor mir. »Ich bin gerade erst zurück und wollte kurz duschen, vielleicht kommst du später wieder.« Aber er lässt sich nicht abwimmeln und betritt das Zimmer.

»Kein Problem, ich habe Zeit«, sagt er grinsend.

›Hat er keine Termine?‹

Er küsst und umarmt mich.

›Es ist so schön in seinen Armen.‹

»Ich muss wirklich duschen«, sage ich.

»Zieh dich ruhig aus«, lächelt er. »Warum trägst du eigentlich ein Kostüm?«, will er wissen, als ich meinen Blazer ausziehe.

»Mein erster Termin war mit den Organisatoren, da muss ich mich immer in so etwas reinquetschen«, sage ich, während ich die Knöpfe der Bluse öffne. Lenn beobachtet mich und steht dann auf, um zu mir rüber zu kommen.

Er öffnet den Reißverschluss meines Bleistiftrocks und lässt ihn zu Boden gleiten.

Wieder stehe ich nur in Unterwäsche vor ihm. Er zieht sein Shirt aus und kommt dicht an mich ran. Unsere Gesichter sind sich so nah, berühren sich aber kaum. Meine Hand streicht sanft über seinen Oberkörper und ich merke, wie sein Herz immer schneller wird.

»Ich dachte, du warst beim Sport?«

»Nein, ich hab dann doch mit den Jungs etwas gejammt und an einem neuen Song gearbeitet. Einen ganz besonderen übrigens.« Ich schaue ihn fragend an. »Du inspirierst mich«, lächelt er mich an. »Wir gehen ja demnächst auf Tour und da möchte ich ihn unbedingt spielen«, sagt er und fragt »darf ich?« Er schaut auf meinen BH, den er dann öffnet. Meine Hände gleiten hinunter zu seinem Bauch bis zu seiner Hose, die ich ihm herunter ziehe. Von seinen Boxershorts befreie ich ihn auch gleich.

›Wow, er singt nicht nur toll, er ist auch noch gut ausgestattet‹, denke ich, als ich seinen Schaft berühre.

Ich merke, dass es ihm gefällt und streichle noch mal sanft darüber, während er meinen Slip herunter zieht. Mir wird heiß, wahnsinnig heiß, und ich brauche langsam aber sicher eine Dusche, um mich abzukühlen. Sonst kann ich für nichts garantieren.

Er geht vor ins Badezimmer und macht das Wasser in der Dusche an.

›Kann er Gedanken lesen?‹ Ich betrete die Dusche, in der er mittlerweile steht.

»Oh, da bist du ja schon, warte, ich mach das Wasser etwas wärmer«, sagt er.

›Anscheinend musste er mal kurz kalt duschen‹, denke ich und muss schmunzeln.

Das Wasser tut gut und ich genieße die Abkühlung. Da merke ich, wie er mir den Rücken einseift und meinen Nacken küsst. Ich drehe mich um zu ihm und schlinge meine Arme um ihn.

Ich spüre seinen ganzen Körper und meine Brustwarzen stellen sich vor Erregung auf. Auch bei ihm regt sich etwas. Ich öffne meine Beine und er beugt sich vor, um zwischen meine Schenkel zu gelangen.

Als ich seinen Penis an meiner warmen Mitte spüre, keuche ich auf. Er hält mich jetzt noch fester und drückt mich gegen die Duschwand, ohne in mich einzudringen.

Ich höre ihn stöhnen und öffne meine Augen. Er liebkost meinen Hals, mein Dekolleté und meine Brüste.

›Lange geht das nicht mehr gut.‹

Ich kralle mich in seinen nassen Haaren fest.

»Oh, Lenn, ich ...« Er kommt hoch, lächelt mich an und verlässt die Dusche. Im Rausgehen wickelt er sich ein Handtuch um die Hüften und wirft mir eine Kusshand zu. Ich drehe das Wasser kälter und frage mich, was das jetzt sollte.

›Ich muss abkühlen, aber schnell.‹

Ich gehe aus der Dusche und wickle mir ein Handtuch um. Lenn sitzt nur mit einem Handtuch bedeckt auf dem Bett, seine Hand ruht auf seiner Leiste.

›Wartet er auf mich?‹

Er zieht mich an sich, als ich zu ihm trete. Sofort sind seine Lippen wieder auf meinen.

»Lenn, ich halte das nicht mehr aus«, hauche ich. Seine Hand wandert unter mein Handtuch und er berührt mich zwischen den Schenkeln. Ich stöhne.

»Ich merke schon, du kochst ja regelrecht«, flüstert er in mein Ohr. Ich lasse mein Handtuch fallen, setze mich auf ihn und sofort dringt er in mich ein. Er hatte sich sogar schon ein Kondom übergezogen, stelle ich fest. Ihn in mir zu spüren ist unbeschreiblich.

Wir halten kurz inne und bewegen uns dann eng umschlungen ganz langsam.

Seine Hand gleitet zu meiner Brust und drückt sie sanft hoch. Zärtlich liebkost er die empfindliche Haut. Kein Kneten oder Zwirbeln der Brustwarzen, nein, Lenn macht genau das richtige und sorgt dafür, dass ich wenig später den Höhepunkt erreiche – und er auch.

›*Das war unglaublich.*‹

Er streichelt meine Brust und mein ganzer Körper bebt immer noch. Seine Berührungen machen mich wahnsinnig. Er lehnt sich nach hinten und fällt zusammen mit mir auf das Bett. Ich liege halb auf ihm, auf seinem nackten Körper, streichle über seinen Oberkörper und schlafe ein.

Wenig später werde ich wach von seinen zarten Berührungen an meinen Rücken und merke, dass meine Hand nicht mehr auf seinem Oberkörper ist, sondern an seinem Schwanz. Der auch schon wieder bereit ist, dank meiner Finger.

›*Oh, was mache ich da? Er muss denken, ich bin total notgeil, auweia ...*‹

Ich ziehe meine Hand weg. Sein Smartphone piept.

»Ich muss leider zum Soundcheck. Obwohl es mir sehr gefällt, was deine Hand da gerade gemacht hat«, sagt er und gibt mir einen Kuss auf die Stirn, bevor er aufsteht. Ich beobachte, wie er sich anzieht.

Mein Smartphone blinkt. Mist, drei verpasste Anrufe sowie eine Nachricht von Mel.

Und eine von Susa: *Malena, vielleicht magst du beim Soundcheck dabei sein?*

Ich schaue zu Lenn, der gerade seine Hose anzieht und überlege. ›*Ach was soll's.*‹ Ich warte aber, bis er weg ist.

»Bis nachher, und danke für die heiße Dusche. Ich habe nicht vergessen, dass du mit mir reden möchtest.«

Er küsst mich auf den Mund. Beim Rausgehen entdeckt er, dass ich noch eine zweite Karte für mein Hotelzimmer habe. »Kann ich die mitnehmen? Dann musst du nicht immer in deiner heißen Nachtwäsche die Tür öffnen.« Ich nicke und er verlässt das Zimmer.

Vor der Tür höre ich Stimmen und springe auf, um zu lauschen.

Hat uns jemand erwischt? Bitte nicht!

»Lenn, was machst du hier ständig?«, höre ich eine Männerstimme fragen.

»Dan, bitte behalte es für dich und sag Susa auch nichts davon. Ich habe jemanden kennengelernt und sie ist der absolute Wahnsinn. Ich möchte es jetzt einfach nur genießen. Das verstehst du doch oder?«, höre ich Lenn sagen.

Mein Herz klopft. Meint er das ernst?

»Ja, von mir erfährt niemand etwas. Aber sei bitte vorsichtig und denk an Susa.«

›Was meint er damit? Was hat Susa damit zu tun? Haben die etwas miteinander? Oder sind sie zusammen? Wenn ich mit Lenn rede, muss ich ihn unbedingt fragen, was da läuft. Und ich muss ihm von Jacob erzählen. Dringend.‹

Ich gehe leise von der Tür weg und mache mich im Badezimmer frisch, um nicht zu spät bei dem Soundcheck zu erscheinen. Dabei habe ich wegen des Gesprächs ein komisches Gefühl im Bauch. Ich muss unbedingt mit Lenn sprechen.

Am Nachmittag treffen die ersten Fans ein, zum Glück aber nicht im gleichen Hotel.

Ich gehe noch ins Schwimmbad, um ein paar Bahnen zu schwimmen. Danach läuft mir Lenn mit seiner Band und der ganzen Crew in der Lobby über den Weg.

»Wir haben gleich das erste Meet & Greet möchtest du dabei sein?«, fragt er mich professionell, als würden wir uns kaum kennen.

»Ja, gerne. Ich bringe nur schnell meine Sachen weg.«

›Irgendwie komisch, vorhin haben wir miteinander geschlafen und jetzt müssen wir so tun, als wenn nichts passiert wäre.‹

Beim Meet & Greet beobachte ich Lenn mit seinen Fans, die ihn förmlich anhimmeln und ihm ziemlich nah kommen.

Ich versuche, professionell zu wirken, und mache mir Notizen.

Mein Handy piept wieder. Jacob.

Ich muss auf Geschäftsreise. Wahrscheinlich bin ich schon weg, wenn du zurückkommst. Nur, dass du Bescheid weißt.

Ich muss unbedingt mit ihm und auch mit Lenn sprechen. Es ist schon viel zu viel passiert.

Lenn bemerkt, dass ich abgelenkt bin und sich mein Gesicht verzieht. Auch Susa entgeht nicht, dass Lenn mich beobachtet.

Mein Herz rutscht mir in die Hose. Da ist doch was zwischen den beiden. Und ich habe das Gefühl, dass ich lieber nicht wissen will, was.

Geständnisse

Im Halbschlaf kommt es mir vor, als würde sich die Hotelzimmertür öffnen. Müde reibe ich mir die Augen und beschließe, dass ich mich geirrt habe, bis ich merke, wie sich jemand von hinten an mich herankuschelt.

»Guten Morgen, du Hübsche, ich habe uns Frühstück mitgebracht«, flüstert Lenn mir ins Ohr.

›Ich weiß zwar nicht, wo er jeden Morgen Kaffee, Croissant und Obst her hat, aber wahrscheinlich bestellt er es auf seinem Zimmer. Mir gefällt es.‹ Ich reiße meine Augen auf, als ich merke, dass er nackt ist.

»Wie ich merke, trägst du heute wieder deine heiße Nachtwäsche.« Er streichelt mir über den Po, schiebt meinen Slip etwas zur Seite und kriecht unter meine Bettdecke. Zuerst küsst er meinen Po, dann zieht er mir den Slip aus. Ich spüre seine Lippen an meinem Knöchel. Sie arbeiten sich zart zu meiner warmen Mitte hoch. Ich bin noch nicht richtig wach und kann kaum glauben, was hier gerade passiert. Trotzdem lasse ich es zu und genieße es, so geweckt zu werden. Seine Küsse machen mich heiß, ich bin erregt und möchte mehr. Ich greife nach dem Bettlaken und halte es fest.

›Ich glaube, ich explodiere gleich.‹

Er liebkost meinen Bauch und dann erst die eine und dann die andere Brust, bis er an meinem Gesicht angelangt ist. »Na«, sagt er mit einem Lächeln im Gesicht. Er sieht völlig verstrubbelt aus, aber so süß.

»So könnte ich jeden Morgen aufwachen«, rutscht mir heraus.

›*Oh nein, was habe ich da gesagt!*‹

»Ich auch«, raunt er in mein Ohr. Ich merke, wie erregt er ist, als ich nach unten greife und lenke sein bestes Stück in Richtung meiner warmen Mitte.

Widerstandslos dringt er in mich ein. Meine Beine umklammern Lenn, während meine Hände zu seinem heißen Po wandern und zugreifen. Das zweite Mal spüre ich ihn in mir und es ist fantastisch. Er füllt mich komplett aus, als wären wir füreinander geschaffen.

Ich spüre Lenns Lippen an meinem Hals, schließe meine Augen und genieße es, wie wir uns immer schneller bewegen. Ich liebe es, seinen nackten Körper an meinem zu spüren. Es dauert nicht lange, bis wir beide unseren Höhepunkt erreichen. Er rollt von mir herunter und ich lege meine Hand auf seine Brust.

»Es ist so schön mit dir, Lenn«, seufze ich glücklich.

Er küsst mich auf die Stirn. »Ich glaube, ich bin dabei, mich in dich zu verlieben, Malena.«

Ich richte mich auf und schaue ihn an. »Ich auch.« Er zieht mich auf sich und küsst mich stürmisch.

Beim Frühstück spreche ich ihn auf das Gespräch vor meiner Hotelzimmertür gestern Morgen an.

»Was ist mit Susa? Ist da etwas zwischen euch?«

»Nein, aber ... mit Susa ist das so ...« Er kommt ins Stocken. »Sie wollte eine Zeit lang etwas von mir. Ich war da allerdings in einer Beziehung, die schwierig war, weil ich ja viel unterwegs bin. Susa dachte damals, das sei ihre Chance, nur ist sie überhaupt nicht mein Typ. Seitdem sieht sie mich nicht gern mit anderen Frauen.«

»Verstehe«, sage ich und reiche ihm das Obst. Das Thema ist für mich erst einmal erledigt und ich will nicht, dass Lenn schlechte Laune bekommt. So ernst habe ich ihn noch nie gesehen. Ich habe aber auch das Gefühl, dass das nur ein Teil der Wahrheit ist.

»Du wolltest mit mir sprechen. Ich habe es nicht vergessen«, sagt er.

›Wie fange nur am besten an?‹

»Es ist nicht so leicht, ich weiß nicht, wie ich anfangen soll«, ringe ich mit den Worten.

»Na sag schon, ist es so schlimm? Du bist doch nicht schwanger, ich habe immer ein Kondom benutzt …«

Ich lasse ihn nicht zu Ende sprechen. »Nein, Lenn. Ich bin in einer Beziehung, er heißt Jacob und wir nutzen gerade die Zeit, um uns klar zu werden, ob wir noch zusammen sein wollen. Das heißt, ich bin gerade in einer Beziehungspause.«

Er schaut mich erleichtert an.

›Anscheinend hat er keine Ahnung, wie das bei uns Frauen läuft, ist ja auch egal.‹

»Ich wollte, dass du das weißt. Zwischen uns ist schon viel passiert und es ist so schön mit dir. Von Jacob werde ich mich trennen, es läuft schon lange nicht mehr…« Ich beende den Satz nicht. Er muss nicht alles wissen.

»Ich weiß nicht, was ich sagen soll. Einerseits bin ich erleichtert, dass du nicht schwanger bist und anderseits überrascht, dass du in einer Beziehung bist. Hast du ihm schon von uns erzählt?«, will er wissen.

»Natürlich nicht. Ich werde ihm sagen, dass ich jemanden kennengelernt habe, mehr nicht. Außerdem weiß ich ja nicht, wo das mit uns beiden hinführt«, sage ich.

Er steht auf und kniet sich neben mich. »Malena, wie ich schon sagte, ich verliebe mich gerade in dich und genieße jede Minute, die wir zusammen haben. Wie es nach dem Festival weitergeht, weiß ich allerdings noch nicht. Ich lasse dich nicht fallen, das verspreche ich dir.« Ich falle ihm vor Freude in die Arme.

»Sehen wir uns nachher?«, fragt er zum Abschied. Ich nicke und er gibt mir einen Kuss auf den Mund. Ich bin erleichtert, endlich sind die Verhältnisse klar. Nach dem Frühstück muss ich los und schaue bei den anderen Bands vorbei.

›*Was für ein Morgen, daran könnte ich mich doch glatt gewöhnen.*‹ Ich muss schmunzeln und könnte noch ewig vor mich hin träumen. Aber jetzt nicht, denn ich stehe gerade mitten in der Menge vor einer Bühne.

Heute ist der erste Tag des Festivals. Ich habe schon zwei Meet & Greets hinter mir und renne gleich zur nächsten Bühne. Naja, als rennen kann man das nicht bezeichnen, wenn man in der Menge steht und wieder raus möchte. Was tut man nicht alles für einen »Knaller-Artikel« und ich bin eben nicht die typische Journalistin.

Am Abend spielt Lenn und ich bin exklusiv dabei. Ich bin Backstage und erlebe alles hautnah: Wie er seine Stimme aufwärmt, wie die anderen rumalbern und die Rituale der Band vor einem Auftritt.

›*Wahnsinn! Das ist eine ganz andere Welt!*‹

Mit meinem Smartphone mache ich Fotos und fange tolle Momente ein. Während des Konzerts stehe ich erst am Bühnenrand und beobachte alles, bis ich hinunter in die Menge gehe und zwischen seinen Fans und selbst gemachten Postern stehe.

Nach dem Konzert hat er noch ein Meet & Greet, bei dem ich dabei bin. Ich suche mir wieder etwas abseits einen Platz, um nicht zu stören und um Susa im Blick zu haben. Mich interessiert, wie sie auf die weiblichen Fans reagiert. Und tatsächlich: manchmal sieht sie unzufrieden aus und wirkt eifersüchtig.

Ich merke erst nicht, wie sich jemand von der Band neben mich stellt.

»Hey, du bist Malena oder?«, fragt er und ich nicke. Es ist der Gitarrist aus Lenns Band.

»Ich bin Dan, freut mich, dich kennenzulernen.« Er zwinkert mir zu. ›*Was war das denn bitte?*‹

Ich schaue zu Lenn, der mich anlächelt und Dan zu sich herüberwinkt.

›*Weiß Dan etwa etwas von Lenn und mir?*‹ Lenn flüstert ihm etwas ins Ohr und Dan lächelt mich an. Natürlich! Er war derjenige, der Lenn vor meinem Zimmer angesprochen hat! Ich muss ihn danach fragen, damit ich weiß, wie ich mich verhalten soll. Aber irgendwie ist es nett, dass jemand Bescheid weiß und sich für uns freut. Susa kommt auf mich zu.

»Na, Malena! Gefällt es dir auf dem Festival? Den ersten Tag haben wir ja fast geschafft«, sagt sie und schaut dabei zu Lenn.

»Ja. Es gefällt mir. Aber was meinst du mit »den ersten Tag haben wir ja fast geschafft«? Die Konzerte sind doch gleich vorbei.«

»Die meisten Bands feiern entweder unter sich oder mit den Fans, wenn du verstehst, was ich meine.«

Ich kann mir nicht vorstellen, dass Lenn mit irgendeinem Fan heute eine private Party veranstaltet. Es sei denn, ich bin dieser Fan.

Nach dem Meet & Greet sitzen wir alle noch zusammen und unterhalten uns.

›Von wegen Party mit irgendwelchen Fans! Was erzählt sie nur für einen Quatsch!‹

Mein Smartphone piept, eine Nachricht von Lenn: *Sehen wir uns gleich bei dir?*

Ich antworte schmunzelnd: *Kann's kaum erwarten.*

Ich verabschiede mich mit der Ausrede, ich müsse noch die Daten von meinem Diktiergerät auf meinen Laptop übertragen. Lenn folgt mir wenig später. In der Hotellobby ist er auf einmal dicht hinter mir und greift nach meiner Hand und zieht mich hinter einer der Säulen und küsst mich stürmisch.

»Tut mir leid, aber ich konnte nicht mehr warten«, sagt er, während er mein Gesicht sanft festhält.

Ich muss lächeln und küsse ihn. *›Wie süß ist das denn bitte?‹*

Er schaut, ob die Luft rein ist, und wir gehen zum Fahrstuhl, der auch schon da ist. Lenn freut sich darüber, das sehe ich in seinem Gesicht.

Und dann wird mir auch klar, warum: Kaum ist die Fahrstuhltür zu, drückt er mich gegen die Wand und ich spüre, wie erregt er ist.

Von mir aus kann der Fahrstuhl stehen bleiben, denn ich möchte jetzt nicht aufhören.

»Malena, du machst mich so heiß«, sagt Lenn und greift mir unter den Rock, wo er meinen Slip zur Seite schiebt. Sein Mund formt ein Lächeln, als er merkt, wie feucht ich bin.

Ein Signal ertönt, sofort gehen wir auseinander, die Fahrstuhltür öffnet sich und Lenn steigt aus. Ich lächle ihm verschmitzt zu und fahre weiter, er nimmt die Treppe.

Voller Vorfreude schließe ich die Hotelzimmertür auf, Lenn steht hinter der Tür und begrüßt mich stürmisch.

»Oh Lenn, was machst du nur mit mir?«, stöhne ich, während er an meinem Ohr knabbert. Seine Hand wandert unter meinen Rock. Sein Finger dringt in mich ein und ich muss erneut stöhnen.

»Ich will dich, jetzt«, haucht er mir ins Ohr. Ich befreie ihn von seiner Hose und seiner Boxershorts und spüre, wie erregt er ist.

Mit meiner Hand umfasse ich sein hartes Glied, was ihn völlig verrückt werden lässt.

Wir gehen ins Badezimmer und Lenn dreht das Wasser in der Dusche auf. Vor Erregung prickelt es auf meiner Haut. Er packt meine Beine, hebt mich hoch und drückt mich gegen die Wand.

Es dauert nur Sekunden und er dringt in mich ein. Lenn ist sogar noch erregter als heute Morgen, denn er nimmt mich härter als zuvor. Ich lasse ihn machen und genieße es.

Lenn bleibt über Nacht, was mich freut. Ich merke immer mehr, dass er privat ein komplett anderer Mensch ist.

Schon heute Morgen beim Frühstück haben wir nur über private Dinge gesprochen, wie bei einem Date. Davon landet natürlich nichts in meinem Artikel über ihn.

Erwischt

»Hey, ich muss los«, flüstert Lenn und gibt mir einen Kuss auf die Stirn. Ich bekomme meine Augen noch nicht auf und will ihn gerade fragen, wie spät es ist, da höre ich, wie die Hotelzimmertür ins Schloss fällt.

›Oh Mann, er braucht wenig Schlaf, oder?‹

Ich schlafe wieder ein. Als ich aufwache, merke ich, dass es kein Traum war, Lenn liegt nicht neben mir.

›Schade, heute gibt es also keinen Sex am Morgen und auch kein Frühstück.‹

Das Piepen meines Handys reißt mich aus meinen Gedanken. Ich habe ganz vergessen, dass ich mir einen Wecker gestellt hatte. Aus der Minibar hole ich mir ein Wasser und schnappe mir meine Tasche mit den Badesachen. Ich ziehe mir schnell etwas Bequemes an und gehe in den Wellnessbereich, um ein paar Bahnen zu schwimmen. Wenn Lenn das jeden Morgen macht, kann es ja nicht verkehrt sein.

Vom Schwimmbecken aus sehe ich ihn, er ist mit ein paar Jungs aus seiner Crew im Fitnessraum.

›Er sieht so heiß aus, wenn er trainiert.‹

Nach ein paar Bahnen mache ich eine kurze Pause am Beckenrand, um ihn zu beobachten. Bis mich Dan entdeckt, wie ich Lenn anschmachte, also schwimme ich weiter.

›Wie peinlich, aber was soll ich machen? Ich kann nicht anders.‹

Mein Magen knurrt, wer macht schon so früh am Morgen Sport? Ich eigentlich nicht. Also raus aus dem Schwimmbecken und ab unter die Dusche. Ich gehe zurück zu der Kabine, in der ich meine Sachen gelassen habe und angle nach meinem Duschgel.

Jemand nähert sich mir von hinten.

»Guten Morgen, mit dir habe ich hier um diese Zeit nicht gerechnet«, sagt Lenn und tritt näher an mich heran. »Darf ich dir helfen?«, fragt er und fährt mit den Fingerspitzen unter meinen Bikinislip.

»Nicht hier!«, keuche ich. »Es könnte jemand kommen!«

»Ist mir egal«, raunt er in mein Ohr, doch ich schnappe ihn und zerre ihn in die Umkleidekabine. Ja, es könnte jederzeit jemand kommen und ich sehe ihm an, dass ihn genau das heiß macht. Mich erregt das auch und ich bin bereit, das Risiko einzugehen.

Von sowas habe ich schon immer geträumt, hatte bisher aber noch nie die Gelegenheit dazu.

›Egal‹, sage ich mir. ›*Mach es einfach!*‹

Ich zerre an seinen Hosen und gehe in die Hocke. Lenns Augen werden kugelrund, als ich mir sein bestes Stück vornehme.

Ich streichle sanft mit meiner Hand darüber und küsse ihn. Dann arbeite ich mich bis zu seiner Eichel vor, bevor ich seinen Schwanz komplett in meinen Mund nehme.

Lenn stöhnt erstickt auf und lehnt sich schwer gegen die Kabinenwand. Draußen geht jemand vorbei, doch ich kann nicht aufhören. Stattdessen erhöhe ich das Tempo und sauge fester. Er hat es so gewollt.

Und ich genieße jede Sekunde. Ich beobachte ihn genau. Seine Atmung wird immer schneller und kurz, bevor er kommt, zieht er seinen Schwanz aus meinem Mund und kommt mit einem unterdrückten Stöhnen auf meinen Brüsten.

Er zieht mich zu sich hoch. »Damit hätte ich nicht gerechnet, du hast mich überrascht«, flüstert er und küsst mich.

»Ich stecke auch voller Überraschungen«, schmunzle ich und greife mein Handtuch. Lenn zieht eilig seine Hose hoch, als ich die Tür öffne.

»Du kannst doch nicht …«, stammelt er. Ich winke und zeige auf meine Brüste.

»Das sollte ich abwaschen, meinst du nicht?« Er sieht mir nach und ich kann doch nicht einfach so gehen. »Wollen wir noch zusammen frühstücken?«, frage ich.

»Ja, klar. Das machen wir doch jeden Morgen.« Er lächelt mich an. Ich erwidere es und gehe duschen.

Heute ist der zweite Tag des Festivals und es ist noch voller als gestern. Und was soll ich sagen, es gefällt mir immer noch.

Ich darf sogar bei mehreren Meet & Greets von unterschiedlichen Bands dabei sein. Ich freue schon auf die Konzerte, die heute anstehen. Und natürlich werde ich mich auch heute wieder in die Menge begeben und nicht nur vom Bühnenrand aus zuschauen.

Zum Mittagessen ziehe ich mich ins Hotel zurück und setze mich in die Lobby. Mel hat mir eine E-Mail geschickt und bittet um einen kurzen Lagebericht.

Ich überfliege meine Notizen und antworte ihr. Lenn, seine Crew und Susa kommen vorbei.

»Hey Malena was sitzt du hier so allein? Kommst du mit uns Mittagessen?«, fragt Susa. Natürlich sage ich ja.

Ich beende meine Email und folge ihnen in den Bandproberaum. Susa setzt sich neben Lenn, was nicht anders zu erwarten war. Ich gebe es nicht gern zu, aber ich bin eifersüchtig.

›Warum sollte ich auch neben Lenn sitzen? Welches Recht hätte ich denn schon? Komm wieder runter, Malena. Niemand weiß von euch!‹

Dan setzt sich neben mich und zwinkert, wahrscheinlich hat er meine Gedanken erraten. Ich sollte mich besser im Griff haben.

Während des Essens geht Susa den Ablauf für heute mit allen durch und fragt mich, ob ich wieder dazu stoße oder schon andere Termine habe.

Ich spüre Lenns Blick auf mir. »Das wird eng, kriege ich aber hin.«

Abends stehe ich wieder am Bühnenrand und sehe Lenn bei seinem Auftritt zu. Susa stellt sich neben mich.

»Lenn war gestern anscheinend noch privat feiern. In seinem Hotelzimmer war er jedenfalls nicht«, meint sie beiläufig. »Aber sag mal, wie läuft der Artikel? Kann ich ihn vor der Veröffentlichung lesen?«, fragt sie.

»Ja natürlich, das Management bekommt ihn vorab zum Gegenlesen«, erwidere ich betont gelassen.

›Und ja Lenn hatte gestern noch eine private Party, aber bei mir und nicht bei irgendeinem Fan. Und er hatte richtig Spaß.‹

Bei dem Gedanken muss ich schmunzeln.

»Was ist?«, fragt Susa.

»Ach nichts«, wiegle ich ab. Das bringt Susa ins Grübeln, doch zum Glück vibriert mein Smartphone. Ich entschuldige mich und verschwinde hinter die Bühne. Ach Mist, schon wieder Jacob. Ich habe vergessen, zurückzurufen und drücke ihn weg.

Ich kann jetzt nicht telefonieren, schreibe ich ihm. *Stehe am Bühnenrand und habe auch gleich ein Interview. Melde mich morgen.*

Jetzt merke ich erst, wie egal mir doch Jacob geworden ist, seit ich hier bin. Denn mit Lenn ist es irgendwie anders, aufregender und ... Ich muss wieder nach vorn, sonst fällt es auf.

»Alles ok?«, fragt Susa, als ich wieder am Bühnenrand stehe.

»Ja, alles gut.«

»Ich frage mich, ob er sich dieses Mal wieder eine angelacht hat«, meint Susa wie zu sich selbst. Ich sehe sie an und versuche, mir nichts anmerken zu lassen.

»Wie meinst du das?«, frage ich. »Sollte ich etwas wissen?«

»Das ist jetzt *off-record*, ja?«, sagt sie und beugt sich vertraulich zu mir herüber. »Lenn schnappt sich gerne auf Festivals Frauen, die er toll findet und hat was mit ihnen. Wir hatten schon ein, zweimal ziemlichen Ärger deswegen. Du weißt ja, wie Männer sind: Lassen nichts anbrennen und die Frauen sind leicht zu haben, wenn es um einen Popstar geht. Leider bildet er da keine Ausnahme. Ich hatte schon verzweifelte Frauen am Telefon, denen er Gott weiß was versprochen hat.«

Mein Mund wird trocken und es fällt mir schwer, ruhig zu bleiben.

»Das klingt ja nicht sehr nett«, ringe ich mir ab. »Und warum erzählst du mir das?«

Sie sieht mich scharf an. Ahnt sie etwas?

»Du bist eine kluge Frau, Malena«, sagt sie dann. »Und ich merke, dass du ihn magst, deswegen dachte ich, ich rede fair mit dir, damit du nicht den gleichen Mist durchmachst wie …« Sie stockt. »Andere.«

Sie meint sich selbst, denke ich erschrocken. Susa lässt mich stehen, ihre Miene ist versteinert. Das erleichtert mich, denn ich halte es auch nicht mehr aus. Ich muss hier weg. Schnell.

Das kann sie nicht ernst gemeint haben. Die Frau versucht, mich zu manipulieren. So einfach ist das. Ich vertraue Lenn. Er würde mich nie anlügen.

Nie.

Oder?

Eine halbe Stunde später bin ich zurück, pünktlich, wie ich es versprochen habe. Lenn kommt mir hinter der Bühne nah, obwohl wir so tun, als ob wir nur reden und dabei lachen. Inzwischen habe ich das dumme Gefühl beiseitegeschoben. Ich werde Lenn danach fragen, aber ich will nicht an ihm zweifeln.

Nicht ihretwegen.

Susa kommt herbeigeeilt. »Na ihr zwei, steckt ihr schon wieder die Köpfe zusammen? Na, ihr mögt euch ja!«, sagt sie und wirft mir einen warnenden Blick zu.

Dan kommt uns zur Hilfe. »Hey Susa, da ist jemand, der dich sprechen möchte.«

›Puh, Schwein gehabt!‹, denke ich, als sie uns stehenlässt.

Lenn findet es lustig. »Was hast du, ist doch nichts passiert!«

Ich weiche seinem Blick aus. »Darüber müssen wir nachher reden. Sie hat da eine Bemerkung gemacht ...«

Er zieht mich an sich und küsst mich auf die Stirn. »Mit mir kannst du über alles reden«, verspricht er.

Susa kommt wütend zurück.

»Dan, da ist niemand, was soll das?«, motzt sie und bricht ab, als sie sieht, wie Lenn mir gerade lächelnd über mein Gesicht streicht. Ich trete schnell zurück.

»Danke, Lenn. Ich glaube, da ist doch nichts in meinem Auge.« Dan winkt mich zur Seite.

»Lenn, schon wieder?«, fragt Susa. Ihre Stimme bebt.

»Malena hatte etwas im Auge, ich habe nur nachgeschaut«, wiegelt er ab.

»Hör auf mit dem Quatsch, hörst du! Ich habe keine Lust auf diesen ganzen Stress!« zischt Susa. Sie wirft mir einen mörderischen Blick zu und lässt uns stehen.

Ich sehe ihr mit einem unguten Gefühl im Magen nach. Das gibt Ärger. Sie ahnt es. Und ich habe das Gefühl, dass sie es nicht gut sein lässt.

Das Ende des Festivals

Ich wache alleine auf. Lenn hat gestern noch mit seiner Crew gefeiert, das haben alle Bands so gemacht. Die Presse hat sich zurückgezogen und die meisten sind bereits abgereist.

Heute ist der Abbau, kaum zu glauben, dass alles vorbei ist. Daran will ich nicht denken und ziehe mir die Decke über den Kopf.

»Guten Morgen, mein Sonnenschein«, höre ich Lenn sagen. Ich habe ihn nicht hereinkommen hören. Traurig ziehe ich die Decke hinunter.

Ist das heute unser letzter gemeinsamer Morgen? Wir haben noch nicht darüber gesprochen, wie es mit uns weitergehen soll. Ein bisschen Angst habe ich immer noch. Obwohl ich dagegen ankämpfe, kann ich Susas Worte nicht vergessen.

»Hey, was hast du denn?«, fragt er besorgt.

»Ich muss spätestens morgen abreisen und wir haben noch gar nicht darüber gesprochen, was dann passiert, das ist los«, sage ich geknickt.

Er küsst meine Stirn. »Lass uns frühstücken, dabei können wir alles besprechen.«

›Warum hat er so gute Laune? Geht es ihm denn nicht so wie mir? War ich etwa doch nur eine kurze Affäre für ihn?‹

Er zieht die Decke weg. »Ach egal, das Frühstück kann warten« sagt er, als er mich nackt daliegen sieht, und kommt zu mir ins Bett.

Er küsst meine Füße und ich muss lachen, weil es kitzelt. Wenn das heute wirklich unser letzter gemeinsamer Morgen ist, will ich ihn genießen.

›Denk nicht darüber nach, Malena!‹

Seine Küsse wandern immer höher, bis er an der Innenseite meines Oberschenkels ankommt und zu mir hochschaut.

»Ich bin dir ja noch etwas schuldig«, sagt er verschmitzt. Ich spüre, wie er erst meinen Venushügel küsst und sich dann weiter vorarbeitet. Ich spreize meine Beine und genieße, was seine Zunge in meiner warmen Mitte treibt. Mein Körper bebt vor Erregung und ich kann kaum noch still halten. Ich möchte Lenn am liebsten sofort in mir spüren und seinen nackten Körper auf meinem.

»Lenn, ich ...«, stöhne ich und schon ist es um mich geschehen. Er macht weiter mit seiner Zunge, zieht den Orgasmus in die Länge und ich sehe Sterne. Er küsst meinen Venushügel, meinen Bauch und stoppt bei meinen Brüsten. Er umkreist die Brustwarzen sanft mit seiner Zungenspitze.

»Oh, ich liebe deine Brüste, Malena«, sagt er und schaut dann zu mir. Noch immer bebt mein ganzer Körper.

»Ich will dich in mir spüren, jetzt«, platzt es aus mir heraus. Meine Hand greift zwischen seine Beine, durch seine Hose spüre ich seine Erektion.

Er zieht die Jeans aus und ich fordere ihn auf, auch sein T-Shirt auszuziehen. Dann dringt Lenn endlich in mich ein.

Ich werfe mir den Bademantel über und wir frühstücken zusammen, ein letztes Mal. Der Gedanke macht mich traurig, aber ich ahne, dass es so sein wird. Er redet mit mir, aber ich kann ihm kaum zuhören.

»Hey, was sagst du dazu?«, fragt Lenn.

»Wozu?«, fragte ich leise.

»Na dazu, dass ich noch zwei Tage hierbleibe. Wir hätten dann noch Zeit für uns, ganz alleine, hier in deinem Hotelzimmer. Nur wir zwei.«

Ich starre ihn an, seine Worte kommen nur langsam bei mir an. »Meinst du das ernst mit den zwei Tagen?«, frage ich dünn.

»Natürlich. Ich habe dir versprochen, dass ich bei dir bleibe. Ich arbeite schon an einer Lösung. Aber fürs Erste nehme ich mir zwei Tage Urlaub. Bist du dabei?«

»Äh, ja«, antworte ich. Er meint, was er da gerade gesagt hat, ernst, denke ich und mein Herz flattert. Wir beide, alleine für zwei weitere Tage, das ist wie ein Sechser im Lotto.

Er hat die Wahrheit gesagt. Ich wusste es.

Er steht auf und kommt zu mir herüber. »Ich bleibe bei dir, hörst du?« Er küsst mich auf den Mund. Er muss meine Verzweiflung gespürt haben und hält mich fest.

Beim Abbau bin ich fast die einzige von der Presse, die noch da ist. Ich beobachte alles und mache Fotos. Einige Musiker und Roadies sind bereit, mir Fragen zu beantworten, obwohl sie gerade im Zeitdruck sind. Bei den meisten steht schon das nächste Konzert oder Festival an.

›*Das wird ein richtiger »Knaller-Bericht«*‹, denke ich mir und muss schmunzeln. Ich habe den Aufbau und den Abbau mitbekommen und an so vielen Terminen teilgenommen. Ich habe ein paar exklusive Interviews geführt und durch Lenn noch andere Musiker getroffen, die andere Journalisten sicher nicht gesprochen haben. Das kann nur gut werden, ich spüre es. Mel wird mit mir zufrieden sein und ich bekomme hoffentlich öfter die Chance, solche Berichte zu schreiben. Ich merke, dass das mein Ding ist. Das will ich machen. Hoffentlich merkt sie das auch.

Wenigstens einmal werde ich Jacobs Rat befolgen und das Gespräch mit ihr suchen. Endlich habe ich ein Ziel.

Dan kommt auf mich zu. »Hey Malena, wir sehen uns zwar nachher noch, aber ich wollte dir noch etwas sagen: Genieß die Tage mit Lenn. Keine Sorge, von mir erfährt niemand etwas. Du tust Lenn gut. Ich hoffe, das wird was mit euch.« Er umarmt mich. Ich bin völlig überrascht, mir fehlen die Worte.

Susa kommt zu mir. »Hi Malena, du verstehst gut mit Dan, das ist schön. Hoffe nur, dass Lenn dir da keinen Strich durch die Rechnung macht.«

»Warum sollte er?«, frage ich und lasse mir nichts anmerken. »Wegen gestern? Ich habe dir schon gesagt, dass ich etwas im Auge hatte.«

»Ja, das hast du. Ich denke, zu dem Thema ist wirklich alles gesagt«, meint sie kühl. »Wann reist du ab?«

»Heute«, lüge ich.

»Wie schön, gute Reise. Wir müssen uns schon um die anstehende Tour kümmern. Urlaubstage sind bei uns rar gesät. Na ja, ist halt die Branche«, sagt Susa. Von Lenns ›Urlaub‹ sagt sie mir natürlich nichts. Ich merke, dass sie mich belauert.

»Verstehe ich, geht mir ähnlich. Der Artikel und der Exklusivbericht müssen ja fertiggestellt werden. Meine Chefin oder ich melden sich dann bei dir«, sage ich aalglatt. Ich werde ihr keinen Anlass für eine Szene geben.

»Ja super, ich bin schon ganz gespannt. Die Jungs und auch Lenn haben gern mit dir gearbeitet, vielleicht ergibt ja noch mal etwas. Würde mich freuen«, sagt sie mit einem Lächeln, das ich ihr kein Stück glaube.

»Ja, das wäre schön. Und danke nochmals für die Möglichkeit, Lenn hier auf dem Festival zu begleiten.«

›Das konnte ich mir jetzt nicht verkneifen.‹ Ich verabschiede mich von ihr und gehe lächelnd davon.

In der Hotellobby hole ich meinen Laptop aus der Tasche und rufe meine E-Mails ab. Ich sehe, wie Lenn mit seiner Band das Hotel betritt. Während alle zum Fahrstuhl gehen, kommt er auf mich zu.

»Na, geht's dir besser?« Er setzt sich zu mir und wartet meine Antwort gar nicht ab. »Ich freue mich auf die zwei Tage mit dir alleine. Meine Crew reist heute noch ab. Ich bringe meine Sachen dann zu dir.«

»Ich werde Mel gleich eine E-Mail schreiben, dass der Bericht erst in zwei oder drei Tagen bei ihr ist. Lenn, ich freue mich so und ...« Im Augenwinkel sehe ich Susa.

›Verdammt muss sie gerade jetzt dazwischen funken?‹

»Na ihr beiden, gibt es noch etwas zu besprechen?«, fragt sie frostig.

»Ich habe Malena gefragt, ob sie noch Fotos braucht«, antwortet Lenn neutral. Sie wirft mir einen giftigen Blick zu.

»Wenn du noch irgendetwas brauchst, melde dich bei mir. Wir sind alle schon sehr gespannt auf deinen Bericht. Also nochmals gute Reise und gutes Gelingen«, sagt Susa.

Ich bemerkte die unterschwellige Drohung durchaus. Ich soll ihn in Ruhe lassen.

Die Botschaft kommt an, also lächle ich, als würde ich kapitulieren. Susa lächelt freudlos und nimmt Lenn mit zum nächsten Termin. Über ihre Schulter wirft sie mir noch einen langen Blick zu.

Endlich komme ich dazu, die Mail an Mel zu verfassen. Ich schreibe ihr, dass ich in drei Tagen ins Büro komme und ihr den Artikel sowie den Exklusivbericht mitsamt den Fotos vorbeibringe. Eigentlich könnte ich ihr das auch mailen, aber sie besteht immer darauf, dass man sich blicken lässt.

Ich wette, sie will alle Details wissen.

Lenn ist noch bei seiner Crew und hilft beim Abbau. So habe ich Zeit, meine Notizen zu ordnen und mit dem Artikel anzufangen.

Den Abend verbringen wir im Wellnessbereich des Hotels. Wir sind allein, deswegen schaffe ich nur zwei Bahnen im Pool. Lenn lässt mich nicht in Ruhe. Er zieht mich im Wasser an sich und ich merke schnell, was los ist: Seine Badehose fehlt.

»Sag mal hattest du vorhin nicht eine an?«, frage ich.

»Kann sein«, antwortet er verschmitzt, während seine Hand zwischen meinen Beinen Platz schafft, sodass er meinen Bikinislip zur Seite schieben kann. Meine Hand fährt von seinem Rücken hinunter bis zu seinem Po.

›Oh dieser Hintern.‹

Zwei Tage Aufschub

»Bist du mir böse, wenn ich kurz joggen gehe? Ich bringe auch Frühstück mit.« Lenn schwingt die Beine über die Bettkante und küsst mich beim Aufstehen. Mein Blick fällt auf die Uhr, es ist neun, er hat heute ausnahmsweise länger geschlafen.

»Nein, mach nur. Ich gehe schon mal duschen.«

Ich gehe ins Badezimmer, während Lenn sich anzieht, und drehe das Wasser in der Dusche auf. Auf einmal steht Lenn dicht hinter mir und sagt »ach, was soll's.« Er drückt mich gegen die Duschwand, küsst meinen Po und zieht meine Beine auseinander. Seine Hände sind fest an meinen Oberschenkeln. Es macht mich so heiß, was er da mit seinen Lippen und seiner Zunge treibt.

Seine Küsse wandern hoch zu meinem Rücken und seine Hände vor zu meinen Brüsten. Ich stemme mich gegen die Duschwand, während mein ganzer Körper vor Lust bebt. Seine Hand wandert zwischen meine Beine und zwei seiner Finger dringen in mich ein.

Ich strecke ihm meinen Po entgegen, um ihn zu zeigen, was ich möchte. Schon spüre ich seinen harten Schwanz, der seinen Weg zu meiner warmen Mitte findet und in mich eindringt. »Oh, Lenn«, platzt es dann voller Lust aus mir heraus.

Nach dem Frühstück geht Lenn joggen. Ich schaue auf mein Smartphone und sehe eine Nachricht von Jacob:

Warum erfahre ich von Mel, dass du erst in drei Tagen im Büro bist und sie bei uns etwas abholen kommt? Ich fahre morgen auf Dienstreise, wir sollten reden, wenn ich zurück bin.

Ich habe total vergessen, ihm zu sagen, dass ich länger bleibe. ›*Mist, was mache ich denn jetzt?*‹

Jetzt sehe ich auch die Nachricht von Mel, dass sie noch Unterlagen braucht, die auf meinem Schreibtisch liegen. Über die Fotos hatten wir schon gesprochen, aber ich hatte vergessen, sie am Abreisetag ins Büro zu bringen. Das ist ja kein Problem, Jacob kann sie ihr gern geben.

Es tut mir leid, Jacob, schreibe ich ihm zurück. Darauf, ihn anzurufen habe ich jetzt keine Lust, obwohl das nur fair wäre. Er ist sauer und ich will mich nicht anmachen lassen, dafür bin ich zu glücklich. Aber ich ahne, dass das Trennungsgespräch unangenehm wird. Es tut mir ja auch leid, wir waren drei Jahre zusammen.

Hoffentlich versteht er es.

Ich bin gerade an einem Bericht dran. Sorry, dass ich dir nicht Bescheid gesagt habe. Gib Mel einfach die Sachen, die sie braucht. Wir reden, wenn du zurück bist.

Ich möchte nicht nach Hause, denn dann sind die Tage mit Lenn vorbei und daran möchte ich jetzt noch nicht denken. So wie es mit Lenn ist, war es mit Jacob nie. Diese Unbeschwertheit hat mir gefehlt. Mit Jacob war immer alles durchgeplant. Selbst mein Leben. Für ihn war ich nie perfekt, ständig wollte er, dass ich mehr aus mir mache. Immer nur Karriere. Sogar in unserer Freizeit drehte sich alles nur um seinen Job.

Ich widme mich meiner Arbeit und schreibe zuerst den Artikel für das Festival fertig, bevor ich mich an den Exklusiv-Bericht über Lenn und seine Band mache. Ich komme gut voran und merke wieder, wie sehr mir diese Arbeit liegt. Genau das habe ich mir immer von meinem Job erhofft. So bringt es mir Spaß und ich habe jedes Interview und jeden Termin genossen. Sogar die steifen Pressekonferenzen. Ich muss Mel davon überzeugen, dass sie mich so was in Zukunft machen lässt.

Lenn und ich verbringen den restlichen Tag im Hotelzimmer im Bett. Wir schauen uns Filme an und können die Finger nicht voneinander lassen.

Abends geht Lenn ins Fitnessstudio und ich gehe schwimmen. Ich genieße wieder den Anblick, wenn er sich abrackert und ins Schwitzen kommt. Auch heute gehen wir wieder zusammen in die Sauna. Uns fällt es aber schwer, nur dazusitzen und uns nicht zu berühren. Ich merke, wie Lenn unruhig wird.

»Sorry, aber ich kann nicht anders«, sagt er und hockt sich vor mich. Er küsst mein Dekolleté, das voller Wasserperlen ist, und dann erst die eine und dann die andere Brust. Mir war schon warm, aber jetzt brenne ich. Seine Küsse halte ich nicht lange aus, es erregt mich zu sehr, seine Lippen auf meiner Hut zu spüren.

Ich schiebe ihn zur Seite und flüchte unter die Dusche. Er folgt mir.

»Was ist los, war es dir zu heiß da drin?«, fragt er. Ich ziehe ihn an mich, er zuckt kurz unter dem eiskalten Wasser, dann küsst er mich stürmisch.

»Ja und dank dir auch innerlich«, flüstere ich in sein Ohr und greife mit meinen Händen fest in seinen Po.

Am nächsten Morgen verschwindet Lenn unter der Decke und küsst meine Brüste, bevor er seinen Kopf auf sie legt. »Guten Morgen, mein Ein und Alles«, lächelt er mich an, als er wieder unter der Decke hervorkommt.
›Hat er gerade wirklich »mein Ein und Alles« gesagt?‹
Er küsst mich und ich streiche durch sein Haar. An der Hotelzimmertür klopft es, Lenn hat Frühstück bestellt.
›Unser letztes gemeinsames Frühstück‹, denke ich wehmütig. Ich mag unsere Gespräche beim Frühstück und liebe es, mehr über ihn als Person zu erfahren. Und ich weiß, dass es ihm auch so geht. Hier kommt keiner von uns beiden auf die Idee, dem anderen zu nahe zu kommen. Er hat die letzten Tage an Möglichkeiten gebastelt, wie wir uns sehen können, doch vorher muss mich meine Angelegenheiten mit Jacob klären. Trotzdem ist es süß, was er für ein Geheimnis um seinen Plan macht. Heute will er ihn mir verraten.
Beim Essen frage ich ihn, was das mit seinem Namen auf sich hat.
»Ich heiße eigentlich Lennart, aber das Management fand meinen Namen zu normal, so entstand Lenn. Das war früher mein Spitzname und ich konnte mich schnell damit anfreunden, so gerufen zu werden. Ich mag den Namen auch lieber. Nur meine Mutter nennt mich Lennart, wenn sie sauer auf mich ist.«
»Ist deine Mutter oft sauer auf dich?«
Lenn räuspert sich. »Jetzt nicht mehr. Aber es gab eine Zeit, da habe ich das Tourleben ausgiebig gelebt. Viel

Alkohol und nach den Konzerten auch schon mal den ein oder anderen Fan mit ins Hotel genommen. Na ja und da führte dann eins zum anderen. Ich bin nicht besonders stolz darauf und jetzt auch vorsichtiger, auch was den Alkohol angeht.«

Ich merke, dass es ihm unangenehm ist, würde mir nicht anders gehen. Und es erinnert mich daran, was Susa mir gesagt hat. Ich wollte ihn noch danach fragen.

»Das erklärt natürlich, warum ich dich die Tage nie mit Alkohol gesehen habe. Und ist damals etwas zwischen dir und Susa gelaufen? Sie hat mir gegenüber eine Andeutung gemacht, dass da zwischen euch etwas war, das sie sehr verletzt hat«, frage ich vorsichtig.

»Na ja, also«, er holt tief Luft. »Ja, sie lag eines Morgens nackt neben mir im Bett.«

Ich schaue ihn überrascht an, denn bisher hat er es immer so aussehen lassen, als wäre zwischen ihnen nichts passiert.

»Die Geschichte ist nicht schön«, gesteht er mir. »Wir haben gefeiert und ich wusste ja, dass sie auf mich steht. Ich hatte kurz vorher mit meiner Freundin Schluss gemacht, das war ein ziemlich unschönes Ende. Sie war sehr unzufrieden mit mir und unserer Beziehung und hat mir ein paar Sachen an den Kopf geworfen, die ich nur schwer verdauen konnte. Susa hat sich mein Gejammer angehört und mir gut zugeredet. Ich hab recht viel getrunken, dann sind wir im Bett gelandet. Davor habe ich ihr ziemlich viel Mist erzählt, den ich am nächsten Morgen zurücknehmen musste. Das hat sie nicht gut aufgenommen. Ich habe mich xmal bei ihr entschuldigt, aber es ist immer noch blöd zwischen uns.«

»Du könntest doch eine andere Tourmanagerin einstellen«, meine ich vorsichtig.

Lenn schüttelt den Kopf. »Dann müsste ich sie vor allen bloßstellen und das kann ich ihr nicht antun. Es war meine Schuld, was passiert ist. Ich habe ausgenutzt, dass sie auf mich steht.«

»Sie redet nicht sehr nett über dich«, werfe ich ein.

»Das ist egal. Sie macht ihren Job gut und deswegen kann ich sie nicht loswerden. Aber sie wird damit klarkommen müssen, dass ich eine Beziehung habe.«

»Ich glaube nicht, dass das einfach wird«, gebe ich zurück.

»Ich auch nicht«, gibt er zu. »Deswegen würde ich unsere Beziehung gern noch etwas unter Verschluss halten. Aber irgendwann sagen wir es der Crew, okay?«

»Okay.« Und das ist es wirklich für mich. Ich bin froh, dass ich jetzt weiß, was zwischen ihnen vorgefallen ist, jetzt verstehe ich auch Susa besser. Aber anders als Lenn habe ich nicht die Hoffnung, dass sie es gut sein lässt. Sie kommt mir wie jemand vor, der niemals aufgibt.

»Wo kommt dein Name eigentlich her?«, fragt er mich neugierig, um das Thema zu wechseln.

»Aus Friesland, meine Familie stammt von dort. Meine Oma wohnt dort immer noch, ich freue mich, wenn ich sie demnächst wieder besuchen fahre.«

Er schaut mich überrascht an. »Was für ein Zufall, ich habe da auch Familie«, sagt er. Das wusste ich gar nicht.

›Plant er etwas? Nein, das kann nicht sein, dafür ist es noch zu früh.‹

Nach dem Frühstück spazieren wir durch den Hotelgarten, aber etwas abseits, wo uns keiner sieht und er mich vor wenigen Tagen geküsst hat. Er nimmt meine Hand und ich spüre wieder ein Kribbeln, aber diesmal zieht es sich dann durch meinen gesamten Körper. Ich versuche, mir nichts anmerken zu lassen.

Lenn bleibt stehen. »Heute ist unser letzter Tag und ich möchte dich nicht gehen lassen.« Er streicht mir durch mein Haar. Eine Träne läuft an meiner Wange herunter. Er wischt sie weg.

»Malena, ich habe mich in dich verliebt und möchte jeden Tag mit dir zusammen aufwachen.« Ich lächle, mir geht es genauso. »Ich habe mir viele Gedanken darüber gemacht, wie wir weiter-machen können, und ich möchte dich bitten, mit mir zu kommen.«

Ich schlucke. Darüber hatte ich auch schon nachgedacht, mich aber nicht getraut, ihn zu fragen. Dass er es mir jetzt anbietet, übertrifft all meine Erwartungen. Ich hatte schon Angst, dass wir eine Fernbeziehung führen müssen und uns nur selten sehen. Das wäre okay gewesen, aber so ist es viel besser. Ich werde einen Weg finden, das mit dem Job zu vereinbaren und habe schon eine Idee. Lenns Vorschlag passt perfekt dazu.

Ich schlinge meine Arme um ihn und küsse ihn.

»Ist das ein Ja?«

»Ja, natürlich!«, platzt es aus mir heraus. Er hält mich fest und ich kann mein Glück kaum fassen. Wir kennen uns erst acht Tage, aber es fühlt sich so vertraut und schön an.

»Und wegen deines Jobs ...«, beginnt er.

»Da habe ich schon eine Idee. Drück mir die Daumen, dass sie funktioniert. Aber mein ganzes Zeug muss ich irgendwo unterbringen.«

»Wenn es nur das ist, kann ich dir gern helfen. Das ist das kleinste Problem.« Er küsst mich und ich fühle mich wie auf Wolken.

Am Nachmittag müssen wir uns erst einmal verabschieden. Ich muss nach Hause, um alles zu klären, und er zu den Proben für die Tour.

›Das heißt wohl Abschied auf Zeit!‹

Minutenlang stehen wir nur da und halten uns fest. Keiner von uns beiden sagt etwas.

Lenn macht ein paar Selfies von uns beiden.

»Wenn du schon nicht bei mir bist. Hey, nicht traurig sein. Ich rufe dich jeden Tag mindestens tausendmal an und wehe, du hast keine Zeit für mich!«, sagt er und wischt mir eine Träne aus meinen Gesicht.

»Ich werde dich vermissen«, sage ich und schaue ihm ins Gesicht. »Ich liebe dich, Lenn!«

Seine Augen strahlen. »Oh Malena, ich liebe dich auch.«

Ein Schock für Malena

Die erste Nacht ohne Lenn hinterlässt ein seltsames Gefühl. Ich fühle mich einsam und bin traurig. Hoffentlich dauert die Trennung nicht zu lang.

Mein Smartphone piept. Es ist Jacob: *Guten Morgen, hoffe, ich habe dich nicht geweckt. Ich muss mit dir reden, es ist wichtig!*

Ich schreibe ihm zurück und frage, was so wichtig ist, ob er es mir nicht auch schreiben kann.

Mein Telefon klingelt. Mit einem seltsamen Gefühl nehme ich das Telefonat an.

»Hey Jacob.«

»Hi Malena.« Er zögert, ich merke, wie er nach Worten sucht. »Ich wollte eigentlich damit warten, bis ich wieder zu Hause bin, aber ich halte es nicht mehr aus. Ich muss reinen Tisch machen: Malena, als Mel bei uns war, ist etwas passiert. Ich war sauer, weil du mir nicht mal Bescheid gesagt hast, dass du später nach Hause kommst. Und dann musste ich auch noch erfahren, dass du alles mit ihr abgesprochen hast. Ich habe mir die ganzen Tage Gedanken über unsere Beziehung gemacht und in diesem Moment verstanden, dass es keinen Sinn mit uns hat. Mel hat ... wir haben ... also ...«

»Warst du mit ihr im Bett?«, frage ich tonlos. Ich schüttle die ganze Zeit den Kopf, merke ich, jetzt höre ich damit auf. Jacob schluckt.

»Ja ... nein ... fast ... also ...«, stammelt er.

»Schon gut, ich will es gar nicht wissen«, unterbreche ich ihn. »Ich glaube auch, dass es besser ist, wenn wir uns trennen. Ich habe jemanden kennengelernt und es ist etwas Ernstes.« Ich mache eine Pause und atme tief durch. »Eigentlich bin ich ganz froh über die Sache mit dir und Mel, dann muss mein schlechtes Gewissen nicht so groß sein. Ich ziehe aus.«

»Das brauchst du nicht«, widerspricht er. »Ich kann auch ...«

»Nein danke«, unterbreche ich ihn wieder. »Das ist deine Wohnung und es ist okay. Wirklich. Ich packe jetzt meine Sachen und dann gehen wir vernünftig auseinander. Ich überweise dir die Miete für diesen Monat und lasse dir die Schlüssel da.«

»Es tut mir leid«, sagt er schließlich.

»Mir auch«, sage ich nach kurzem Zögern. Die drei Jahre hätten wir besser zum Abschluss bringen können. »Eine Sache noch«, schiebe ich hinterher.

»Ja?«, fragt er vorsichtig.

»Warum ausgerechnet Mel?«, frage ich. Das muss ich einfach wissen.

Er atmet durch. »Keine Ahnung«, sagt er dann. »Vielleicht, weil sie einfach da war. Vielleicht ... ach, ich weiß auch nicht. Wen hast du kennengelernt?«

»Jemanden auf dem Festival«, weiche ich aus. Obwohl ich es gern würde, werde ich ihm nicht auf die Nase binden, dass es Lenn ist. Wir sollten ohne Streit auseinandergehen. »Mach's gut, Jacob.«

»Können wir uns noch mal sehen?«, fragt er. So kleinlaut habe ich ihn noch nie erlebt.

»Weiß ich noch nicht«, antworte ich. »Ich melde mich bei dir.«

Ich klettere aus dem Bett und fange an, meine Sachen zu packen. Im Bademantel hole ich die Umzugskartons aus dem Treppenhaus. Lenn hat vom Hotel aus ein Umzugsunternehmen und einen Lagerplatz für meine Sachen besorgt. Das macht es mir leichter und ich kann mich um alles andere kümmern.

Lenn schreibt mir: *Hey, ich bin heute früh ohne dich aufgewacht.*

Er schickt mir ein trauriges Selfie. Ich schicke ihm eins zurück, wie ich zwischen den Kartons im Bademantel stehe. Und natürlich kommt auch gleich eine Nachricht von ihm zurück und er fragt, ob ich unter dem Bademantel etwas trage.

Ich muss schmunzeln und an unsere ersten Begegnungen denken, wo er früh am Morgen an meiner Hotelzimmertür stand und ich nur einen Bademantel trug.

Als ich alles gepackt habe, ist es schon mittags. Ich schicke Mel den Artikel vom Festival und bereite schon einmal die E-Mail vor, in der ich ihr mitteile, dass ich ab sofort mehr von unterwegs arbeiten möchte. Am Nachmittag muss ich allerdings trotzdem ins Büro, um ihr vom Festival zu berichten. Sie erwartet mich schon, doch auch die Kollegen scharen sich um mich und bestürmen mich mit Fragen, vor allem nach Lenn.

»Wie ist er denn so?«

»Warst du Backstage?«

»Hat er eine Freundin?«

Und so weiter. Ich bemühe mich, ihnen plausible Antworten zu geben. Mel behält mich im Auge und bittet mich in ihr Büro. Mit klopfendem Herzen folge ich ihr. Sie setzt sich und sucht nach Worten.

»Hast du schon mit Jacob gesprochen?« Sie seufzt, als ich nicke. »Es tut mir leid, das hätte wirklich nicht passieren dürfen.«

»Nein«, sage ich und zuckte hilflos mit den Schultern.

»Ich fühle mich schrecklich deswegen«, sagt sie und ich glaube ihr sogar.

»Wir waren sowieso dabei, uns zu trennen«, sage ich. »Wenn alles okay gewesen wäre, wäre das sicher nicht passiert.«

Sie nickt und beißt sich auf die Lippe. »Kann ich irgendwas tun...«, beginnt sie.

»Ja«, falle ich ihr ins Wort. Das ist meine Chance. »Ich möchte nicht mehr hier im Büro arbeiten. Das Festival war super und ich habe das Gefühl, dass der Artikel echt gut ist. Wenn es irgendwie geht, möchte ich gern weiter solche Reportagen machen.«

Mel starrt mich an, dann nickt sie bedächtig. Auch ihr ist es lieber, wenn ich nicht ständig hier bin. »Ich sehe, was sich tun lässt.«

»Danke«, sage ich erleichtert. »Ich würde gern den Rest der Woche freinehmen. Ich ziehe um. Ich melde mich am Montag, okay?« Sie nickt, also stehe ich auf und verlasse das Büro. Auf dem Weg nach draußen habe ich das Gefühl, dass ich heute zum letzten Mal hier war.

Ich schreibe Lenn eine Nachricht: *Hey, ich bin fast fertig mit packen. Mit meiner Chefin habe ich alles geklärt und bekomme nächste Woche Bescheid. Ich warte nur noch auf das Umzugsunternehmen. Ich vermisse dich und freue mich, bald wieder bei dir zu sein. Tausend Küsse.*

Ich fahre zurück nach Hause und erledige den Rest, dann kommt der Transporter des Umzugsunternehmens und verlädt meine Sachen. Endlich. Als mein Blick durch die Wohnung geht, bin ich erleichtert, dieses Kapitel in meinem Leben abschließen zu können. Ich lege die Schlüssel auf die Kommode im Flur und verlasse die Wohnung.

Endlich sehe ich Lenn wieder. Er hat mir seine Adresse geschickt und ich fahre mit meinem Auto und den wichtigsten Sachen zu ihm. Die anderen Sachen sind in einem Lager in der Nähe seiner Wohnung untergebracht.

Er öffnet die Tür und wir fallen uns in die Arme. »Endlich hab ich dich wieder«, haucht er mir ins Ohr und schließt mit einem Bein die Wohnungstür hinter uns. Ich halte ihn fest. »Hey, du erdrückst mich ja gleich«, sagt er, lässt mich aber auch nicht los.

»Ich hab dich so vermisst«, schluchze ich und möchte ihm mein Gesicht nicht zeigen. Er soll nicht denken, dass ich eine Heulsuse bin.

»Ich lass dich nicht mehr gehen, hörst du?«, sagt er und löst unsere Umarmung, um mich zu küssen. »Du bist doch mein Ein und Alles«, lächelt er und wischt mir eine Träne von der Wange. »Komm, ich zeige dir die Wohnung.« Er nimmt mich an die Hand. »Ich möchte, dass du dich hier wohlfühlst, das ist jetzt auch dein Zuhause.«

›Ich kann es noch nicht glauben, es fühlt sich an wie in einem Traum. Aber es ist Wirklichkeit. Wir wohnen jetzt hier zusammen.‹

»Gefällt es dir?«

»Ja«, sage ich leise. »Es ist wirklich schön hier bei dir.«

»Bei uns«, korrigiert er mich. Ich lächle ihn an. »Ich bin so froh, dass wir uns beim Festival begegnet sind, Malena.«

»Ich auch«, flüstere ich und umarme ihn.

Ich packe meine Klamotten in den Kleiderschrank. Lenn hat alles vorbereitet, sogar an einen Arbeitsplatz für mich hat er gedacht. Montag höre ich von Mel und bin schon sehr gespannt auf ihre Antwort.

»Wenn du noch etwas brauchst, sag Bescheid«, sagt er, als er das Schlafzimmer betritt und auf mich zukommt.

»Solange du da bist, brauche ich nichts anderes«, sage ich. Er küsst mich. Wir wollen beide das gleiche und reißen uns gegenseitig die Klamotten vom Leib.

»Wie habe ich dich vermisst«, haucht er voller Lust. Ich schubse ihn aufs Bett und setze mich auf ihn. Ich streiche über seinen Oberkörper bis zu seinem Bauch und berühre dann sanft sein bestes Stück. Er hingegen liebkost meine Brüste. Ich stemme mich hoch und lasse Lenn in mich eindringen. Mein ganzer Körper ist in Ekstase und ich genieße es, Lenn zu spüren.

Erschöpft lassen wir uns schließlich auf das Bett fallen und ich streichle zufrieden über seine Brust.

»Ich bin so froh, dass du hier bist Malena. Ich hatte schon Angst, dass du es dir anders überlegst.«

Ich küsse seine Brust. »Lenn, du bist das Beste, was mir passieren konnte. Du weißt, dass ich, bevor wir uns kennengelernt haben, nicht mehr glücklich war. Ich bin so froh, dich zu haben. Und es ist mir nicht schwergefallen, hierher zu dir zu kommen.« Er reißt mich in seine Arme und küsst mich stürmisch.

Am Montag meldet sich Mel mit einer E-Mail bei mir:

Hallo Malena,
ich habe mit der Redaktion gesprochen, sie finden deine Idee gut. Ich habe mir eine neue Rubrik für dich ausgedacht: Malenas Städtetrends. Hoffe, das ist in deinem Sinne. Das Konzept findest du im Anhang. Lass uns morgen im Weekly dazu sprechen, der Termin hängt ebenfalls an. Bei Fragen melde dich bitte.
Viele Grüße
Mel

Ich klicke das Konzept an und meine Augen leuchten. Genau so habe ich es mir vorgestellt: Ich reise durch Deutschland und auch in andere Städte und suche nach den neusten Musik- und Modetrends. Dabei geht es um szenige Sachen und Geheimtipps, nicht um den Mainstream. Ich bin jetzt schon aufgeregt und mache mich gleich an die Recherche.

Ein Song für Malena

Wir haben einige Wochen, bis die Tour beginnt. Lenn verbringt die Zeit mit Proben und Vorbereitungen. Ich bin oft unterwegs und schreibe meinen ersten Artikel.

Mel ist begeistert und ich bin - zum ersten Mal seit Jahren - zufrieden mit meinem Job.

Heute schreibe ich über eine HipHop-Kombo aus Magdeburg, die ich interviewt habe, als Lenn aufgeregt in mein Arbeitszimmer stürmt.

»Malena, dein Bericht über mich ist der Hammer. Susa hat ihn mir gerade gezeigt.« Er hält stolz ein Blatt Papier in seiner Hand.

»Er gefällt dir?«, frage ich freudestrahlend.

»Ja total und Susa hat deiner Chefin auch schon das Ok für den Druck gegeben«, sagt er. Ich stehe auf und falle in seine Arme. Es war nicht leicht, aus dem Artikel die ganzen privaten Dinge herauszuhalten.

»Ich gehe schnell duschen und dann erzähle ich dir von den Proben«, sagt Lenn und verschwindet ins Badezimmer. Ich überlege nicht lange und folge ihm. An der Badezimmertür bleibe ich stehen und beobachte ihn kurz, das mache ich zu gerne.

›Sein Körper ist einfach ...‹ Ich trete zu ihm unter die Dusche. Er steht mit dem Rücken zu mir und ich streiche über seine Haut und küsse ihn.

›Wenn es nach mir geht, könnten wir uns eine Woche in der Wohnung einschließen.‹

Er dreht sich zu mir um und ich nehme ihm den Schwamm aus der Hand und seife seinen ganzen Körper ein. Dabei vergesse ich keine einzige Stelle seines Körpers. Er genießt es und muss sich zurückhalten.

»Fertig«, sage ich, als ich an seinem Hals angekommen bin. Er schaut mich voller Lust an.

»Jetzt bist du dran.« Er streicht mit dem Schwamm über meine Brüste und arbeitet sich Stück für Stück immer weiter nach unten.

An meiner warmen Mitte hält er kurz an und küsst meinen Venushügel. Als er an meinen Füßen angekommen ist, legt er den Schwamm zur Seite und küsst meine Füße und arbeitet sich ganz langsam nach oben. Als er zwischen meinen Beinen ist, greife ich nach seinen Haaren und streiche durch sie.

Ich kann kaum noch stillstehen, so erregt bin ich. Lenn merkt das und macht an meinem Bauch weiter, bis er an meinen Brüsten angelangt ist.

»Hallo ihr zwei«, begrüßt er sie und küsst eine nach der anderen und arbeitet sich weiter zu meinem Dekolleté hoch bis zu meinem Hals.

»Fertig«, sagt er lächelnd. Ich greife nach seinem Kopf, um ihn stürmisch zu küssen.

Er packt meine Beine, drückt mich gegen die Wand und dringt in mich ein. Ich stöhne auf und er grinst.

Seit sechs Wochen wohne ich bei Lenn, es ist so schön, jeden Tag neben ihm aufzuwachen. Wenn es die Zeit zulässt, frühstücken wir zusammen. Unser Ritual.

»Guten Morgen mein Sonnenschein«, küsst mich Lenn wach.

Es ist schon nach zehn, ich saß gestern noch lange an einem Artikel.

»Erinnerst du dich, ich hatte dir doch auf dem Festival erzählt, dass ich an einem Song mit den Jungs arbeite. Ich werde ihn auf der Tour singen. Ich habe ihn damals für dich geschrieben.« Er küsst mich auf die Stirn.

›Was? Wie jetzt? Ich bin noch gar nicht richtig wach und er erzählt mir, dass er einen Song für mich geschrieben hat?‹

Lenn holt seine Gitarre, setzt sich auf das Bett und spielt ihn mir vor:

Bei dir kann ich sein, so wie ich bin
Du fängst mich auf,
lässt mich nicht fall'n
Bist immer da,
wenn ich dich brauch'
Ob Tag ob Nacht
egal was kommt

Bei dir kann ich sein
Bei dir lass' ich mich fall'n
Bei dir bin ich ich
Bei dir, bei dir

Lass dich nicht geh'n
was auch passiert
Gehören zusamm'
für jetzt und hier
Für immer wir
Für immer wir

»Was sagst du dazu?«, fragt er mich mit einem Strahlen in seinen Augen. Ich krieche zu ihm und lege meine Hände an sein Gesicht.

»Er ist wunderschön, Lenn.«

»Er wird als Single veröffentlicht, in den nächsten Tagen werde ich das Video dazu drehen. Und möchte dich dabei haben. Du in einem Bademantel, wir sitzen zusammen an einem Tisch in einem Hotelzimmer. So wie alles bei uns angefangen hat.«

»Lenn, das ist…« Ich muss mich kurz sammeln »Meinst du, es ist eine gute Idee, wenn ich in dem Musikvideo mitspiele?«

»Aber natürlich, es geht in dem Song um dich und ich möchte dich unbedingt dabei haben.« Ich küsse ihn.

»Wenn du möchtest ... warte, ich fange noch mal von vorne an«, sagt er und räuspert sich. »Komm mit mir auf Tour. Ich habe in jeder Stadt ein Hotelzimmer für dich reserviert und du kannst auf all meine Konzerte gehen.«

»Ja, ja, ja! Natürlich komme ich mit.« Ich küsse ihn stürmisch. »Lenn, ich liebe dich und gehe überall mit dir hin«.

Lenn legt seine Gitarre zur Seite, umarmt mich und wir fallen zusammen nach hinten auf das Bett. Er streicht mir durchs Haar.

»Ich liebe dich auch und möchte keinen Tag mehr ohne dich sein.«

Wenige Tage später ist es soweit. Ich bin so aufgeregt, ich habe noch nie vor einer Kamera gestanden und nun soll ich auch noch in einem Musikvideo mitspielen.

Lenn hat alles geklärt, sodass mein Gesicht nur von der Seite zu sehen ist.

Ich bin die geheimnisvolle Frau.

Mitten im Dreh taucht Susa auf. Wir sind gerade mit der Szene fertig, in der Lenn vor mir kniet und mich küsst. Sie bleibt stehen und starrt uns an.

»Ich fass es nicht. Das ist ja eine *tolle* Überraschung.«

»Hey Susa, komm, wir trinken einen Kaffee zusammen«, sagt Lenn cool und lotst sie vom Set weg.

Susa ist sauer, das sehe ich ihr an, doch sie reden zu leise, um etwas zu verstehen. Ich sehe nur die Blicke der beiden und habe ein ungutes Gefühl.

»Was hast du zu Susa gesagt?«, will ich wissen, als er zu mir kommt.

»Ich habe sie beruhigt und ihr gesagt, dass du für mich die beste Besetzung bist. Dass die Schauspielerin, die sie für mich gebucht hat, nicht passend war. Und jetzt zieh nicht so ein Gesicht und lass uns weiterdrehen, die anderen warten schon.«

Ich drehe mich um und merke, dass alle Blicke auf uns gerichtet sind. Ich bin nicht gewohnt, im Rampenlicht zu stehen, und fühle mich unwohl.

Das war doch eine blöde Idee. Er hätte irgendein Model nehmen sollen.

»Ich würde dich jetzt ja in den Arm nehmen, aber alle schauen uns an«, sagt Lenn leise. »Lasst uns weitermachen«, ruft er dem Team zu.

In einer Drehpause kommt Susa zu mir. »Hallo Malena, mit dir hätte ich hier nicht gerechnet und ich weiß ehrlich gesagt auch nicht, warum Lenn dich hierher bestellt hat. Aber das, was ich gesehen habe, kam gut rüber. Trotzdem hoffe ich, du bist jetzt nicht bei jedem Videodreh dabei.« Sie ringt sich ein Lächeln ab und geht zu den anderen.

Ab diesem Moment ist es unerträglich für mich. Susa macht mir den restlichen Videodreh mit ihren Blicken klar, dass ich hier nicht erwünscht bin.

Alle anderen sind von Lenn und mir begeistert, nur sie nicht. Sie ahnt, was los ist. Und ich spüre, dass sie etwas dagegen unternehmen will.

Eine Woche später geht es los und Lenns Deutschland-Tour startet.

Das Tourleben ist aufregend und ich schreibe ein Tagebuch darüber, nur für mich. Ich genieße es, dabei zu sein, wenn auch nur im Hintergrund und unsichtbar. Fast jeden Abend stehe ich in der Menge und sehe Lenn bei seinem Konzert zu. Es macht mich glücklich, ihn da oben stehen zu sehen. Besonders, wenn er den Song ankündigt, den er für mich geschrieben hat.

»Dieser Song, der jetzt kommt, ist für eine besondere Person in meinem Leben. Danke, dass es dich gibt!« Er zwinkert mir in der Menge zu.

Das Publikum tobt, denn der Song war nach kurzer Zeit auf Platz eins der Singlecharts.

Lenn wird immer wieder gefragt, für wen er den Song geschrieben hat und wer die Frau aus seinem Video ist. Eine engagierte Journalistin ist dahintergekommen, dass es keine Schauspielerin ist und bohrt seitdem nach.

Jede Gelegenheit nutzt sie, um an Informationen zu kommen, und macht das auf ihrem Social Media Kanal auch öffentlich.

Die Fans bekommen das natürlich mit und feuern die ganze Sache auch noch an. Für Lenn ist es ein Spiel mit der Presse und er führt sie immer wieder hinters Licht.

Er teilt Bilder vom Videodreh bei Social Media, wo ich zu sehen bin, natürlich kann man mein Gesicht nicht erkennen. Und er kann sich nicht verkneifen darunter zu schreiben: *Du bist mein Ein und Alles!*

Lenn fängt an zu singen:

Bei dir kann ich sein,
so wie ich bin
Du fängst mich auf,
lässt mich nicht fall'n
Bist immer da,
wenn ich dich brauch'
Ob Tag ob Nacht
egal was kommt

Bei dir kann ich sein
Bei dir lass' ich mich fall'n
Bei dir bin ich ich
Bei dir, bei dir

Lass dich nicht geh'n
was auch passiert
Gehören zusamm'
für jetzt und hier
Für immer wir
Für immer wir

Die Bombe platzt

»Guten Morgen«, sagt eine Stimme neben mir.

Er kriecht unter die Bettdecke und ich spüre seine Lippen an meinem Bauch. Es kitzelt und ich muss laut lachen. Er kommt unter der Bettdecke hervor und küsst mich auf den Mund.

»Warum lachst du?«, fragt er mit einem Grinsen.

»Weil es kitzelt, was du da machst«, sage ich, während sein Kopf wieder unter der Decke verschwindet und er da weitermacht, wo er aufgehört hat.

Wir sind in einem Hotelzimmer irgendwo in Deutschland, ich vergesse manchmal, in welcher Stadt wir aktuell sind. Besonders beim Aufwachen passiert mir das, denn ich genieße die Zeit, die wir haben.

Heute endet seine Tour. Ganze zwei Monate bin ich ihm nun hinterhergereist, um bei ihm zu sein.

Und wenn wir uns mal nicht sehen konnten, holte uns zwar die Sehnsucht ein, aber wir wussten beide, dass es so richtig ist. Denn hätte Susa uns erwischt, wäre sie ausgerastet, obwohl es dafür ja nicht einmal einen Grund gäbe. Ihr Theater beim Videodreh hat mir ehrlich gesagt schon gereicht. Und würde uns jemand von den Fans oder der Presse entdecken, hätten wir keine ruhige Minute mehr.

Für die Journalistin, die Lenn bereits auf dem Schirm hat, wäre es ein gefundenes Fressen und sie hätte für ihren Artikel garantiert eine Beförderung erhalten.

»Komm, lass uns frühstücken«, sagt er, während er unter der Decke hervorkriecht, die Haare ganz verwuschelt.

Ich verschwinde ins Bad und höre ein lautes Klopfen an der Hotelzimmertür. Lenn öffnet und ich höre Susa. Ich kann nicht alles verstehen, höre aber, dass Susa wütend ist. *›Hat Lenn etwa verschlafen?‹*

Ich entferne mich von der Tür und setze mich auf den Hocker, wo die frischen Handtücher liegen. Mein Magen fängt an zu knurren, aber ich muss abwarten und leise sein. Ganze zehn Minuten muss ich ihr Gebrüll ertragen, bis endlich die Badezimmertür aufgeht.

»Es tut mir leid, dass du hier solange warten musstest. Susa stand schon ewig vor der Tür und hat geklopft, sie war deswegen verärgert.« Er drückt mich fest an sich.

»Was wollte sie?«, frage ich und löse mich aus seinen Armen. Im Augenwinkel sehe meine Unterwäsche auf dem Boden liegen. Mist! Eigentlich bin ich immer vorsichtig und lasse nie etwas sichtbar rumliegen. Das fehlt uns gerade noch, dass am letzten Tourtag alles aufliegt. Lenn bemerkt mein Grübeln.

»Susa war sauer, weil ich nicht gleich die Tür aufgemacht habe. Sie sah die Unterwäsche und wurde richtig wütend. Warum sie hier war, hat sie mir dann aber nicht gesagt.«

›Oh man, was stimmt mit ihr nicht?‹

Lenn nimmt mich in den Arm. »Mach dir keinen Kopf.« Mache ich doch.

Nach dem Frühstück muss er los, heute stehen noch Proben und eine Pressekonferenz an.

Der letzte Tag einer Tour ist immer ein besonderer. Ich widme mich meiner Arbeit und schreibe einen Artikel über die Sommertrends in Musik und Mode. Es bringt mir immer mehr Spaß.

Ich beende den Artikel und maile ihn an Mel. Ich rolle den Kopf zurück und streckte mich.

›Wieder was geschafft.‹

Jetzt kann ich Feierabend machen und mich noch ein bisschen umsehen. Vielleicht entdecke ich ja einen coolen Musikladen oder ein stylisches Pärchen, das ich interviewen kann. Eine neue E-Mail von Mel kommt an.

Danke Malena,
ich schaue mir deinen Artikel nachher in Ruhe an. Du sagtest doch, dass du gerade in Kiel bist. Du hast doch bestimmt noch Deinen special Kontakt zu Susa Büsing aus Lenns Crew, oder? Er spielt heute das letzte Konzert seiner Tour und ich möchte, dass du zur Pressekonferenz gehst und versuchst, ein Interview zu bekommen. Dein Bericht vom Festival kam super an, jetzt wird es Zeit für den Anschlussbericht. Lass deinen Charme spielen und finde endlich heraus, für wen er den Song ›Bei dir‹ geschrieben hat. Ich zähl auf dich! Hau einen raus und melde dich morgen.
Viel Spaß
Mel

»Nein, nein, nein«, sage ich fast schon zu laut.

›Ich kann das nicht, verdammt!‹

Ich schließe mein Laptop, stehe auf und laufe unruhig im Hotelzimmer umher.

Immer wieder sage ich mir: »Du bist Journalistin, du hast hart dafür gearbeitet, du musst! Verhalte dich professionell und reiße dich verdammt noch mal zusammen, Malena!«

Ich atme ein paar Mal tief durch und setze mich wieder auf das Bett und klappe den Laptop auf und schreibe Mel eine Antwort: *Wird erledigt.*

Nach dem Abschicken der Mail merke ich erst, was ich da geschrieben habe.

›Ach egal.‹

»Malenas Städtetrends« kommt bei den Lesern gut an und hat nur wenig mit Lenn zu tun, aber ich verstehe, warum ich diesen Auftrag erhalte.

›Ob ich Lenn vorwarne wegen der Pressekonferenz? Ist vielleicht besser.‹

Ich klappe meinen Laptop zu und verstaue ihn in der Tasche. Mein Blick fällt auf die Uhr. Noch ist Zeit zum Duschen und Sachen packen, der Zimmerservice kommt erst später. Und seine Crew ist bei den Proben, also keine weiteren Überraschungen. Wehmütig schaue ich mich um und sage leise »Das war's dann wohl.«

Irgendwie werde ich die Zeit vermissen, jeden Abend inmitten seiner Fans zu stehen und ihn zu beobachten. Er liebt, was er macht, das sehe ich jeden Abend und freue mich auf diesen letzten Tag, nur nicht auf die Pressekonferenz.

Noch weiß ich nicht, wie diese abläuft. Mel erwartet ein Interview von mir. Sie erwartet, dass ich aus ihm heraushole, wer die geheimnisvolle Frau aus dem Song ist.

Ausgerechnet ich.

Ich suche meine Sachen zusammen und überlege, was ich nachher anziehe, wahrscheinlich eins meiner Kostüme oder einen Hosenanzug. Mel besteht darauf, dass ich auch diese dabei habe, wenn ich unterwegs bin, für den Fall der Fälle. Sie weiß zwar, dass ich es hasse, mich in so etwas rein zu zwängen, aber sie sitzt am längeren Hebel.

Dann mache ich das halt, immerhin hatte ich jetzt meine eigene Rubrik in der Zeitschrift.

Nach der Dusche schaue ich auf mein Handy. Eine neue Mail von Mel und Nachrichten von Lenn. Ich schaue mir erst seine an. Ein Selfie von seiner Probe mit der Band und darunter ein *Ich vermisse dich.*

Mein Herz hüpft vor Freude.

»Ich vermisse dich auch«, flüstere ich und schreibe ihm eine Nachricht, dass ich nachher bei der Pressekonferenz dabei bin. Er antwortet mir mit einem Herz. ›*Wie kann er nur so locker bleiben?*‹

Mel hat mich auf die Liste für die Pressekonferenz setzen lassen und Susa kontaktiert.

›*Ach Mist, ich muss mich jetzt aber beeilen.*‹

Die Zeit rennt regelrecht. Ich muss meinen Koffer noch unten an der Rezeption verstauen, bevor der Zimmerservice hier auftaucht.

Die Pressekonferenz findet im Hotel statt. Ich versuche, mich in der Menge zu verstecken, Fragen werde ich auf gar keinen Fall rufen.

›*Soweit kommt es noch.*‹

Lenn sitzt schon vorn am Tisch, neben ihm seine Band. Auch Susa kann ich entdecken.

Er bemerkt mich und lächelt. Wie immer, wenn ich ihn sehe, wird mir ganz heiß.

›*Meiner*‹, denke ich und muss ein bisschen grinsen, als ich mich hinsetze. Auch, wenn das keiner wissen darf.

»Na, bist du auch so aufgeregt?«, fragt mich meine Sitznachbarin eifrig. Sie ist anscheinend eine von denen, die einen immer ungefragt vollquatschen. Ich schüttelte nur meinen Kopf. »Lenn ist echt heiß oder?«, macht sie weiter. »Ich hoffe, ich kann ihm eine Frage stellen. Und wer weiß, heute ist ja sein letzter Abend hier.«

Ich überlege, ob ich mich aus dem Staub mache, denn wenn die Frau ihre Frage stellt, möchte ich nicht neben ihr sitzen. Aber es ist zu spät, ihr lautstarkes Rufen und ihr übertriebenes Winken hat dazu geführt, dass sie jetzt ihre Frage stellen darf.

Alle Blicke sind auf sie gerichtet und ich sitze neben ihr. ›*Na klasse!*‹ Lenns Blick wandert zwischen ihr und mir hin und her. ›*Jetzt bloß nicht nervös werden!*‹ Ich setze mein freundlichstes Gesicht auf und lächle.

Lenn ist kurz irritiert, hat sich aber schnell wieder im Griff und beantwortet die Frage.

Die zweite Pressekonferenz findet in der Konzerthalle um die Ecke statt. Laut Programm für die Presse steht jetzt ein kleines Konzert mit anschließender Fragerunde und Backstage-Interview an.

›*Augen zu und durch.*‹

Einer nach dem anderen wird in die Cafeteria zu Lenn gebeten. Die anderen können sich umsehen und mit der

Band sprechen. Auch ich spreche mit einigen aus Lenns Crew.

Sie freuen sich, mich wiederzusehen, und erzählen mir von der Tour. Ich bin die nächste, die in die Cafeteria gebeten wird, ausgerechnet von Susa.

»Malena, mit dir hatte ich gar nicht gerechnet, bis deine Chefin angerufen hat. Na ja, du weißt ja schon das meiste, das wird sicher eine schnelle Nummer. Aber bitte nicht schon wieder die Frage, um wen es in dem Song geht. Die hatten wir schon zwölfmal.«

›Warum schiebe ich bei dieser Frau eigentlich Panik? Es gibt doch gar keinen Grund.‹

Erfreut klingt Susa nicht, auch wenn sie es versucht zu überspielen. Immerhin ist hier gerade viel Presse anwesend und sie will bestimmt keine Szene machen. Denn Susa weiß, wer die Frau aus dem Video ist. Lenn lächelt mich an, als er mich sieht.

Ich versuche, mich so professionell zu verhalten, und ziehe mein Programm durch: »Hallo Lenn, das Konzert war sehr schön. Bist du traurig, dass heute die Tour zu Ende geht?«

»Danke, dass du mich daran erinnerst. Ja, ich bin tatsächlich etwas traurig, denn ich liebe es, auf der Bühne zu stehen.«

»Wie geht es nach der Tour bei dir weiter?« Susa verlässt den Raum. »Wir beide genießen unsere Zweisamkeit«, flüstert er mir zu. Zum Glück sind wir kurz alleine und ich stehe auf, um mir etwas zu trinken zu holen.

»Warum hast du deinen Hosenanzug an?«, haucht er mir ins Ohr und küsst meinen Nacken, während seine

Hände erst meine Seiten berühren und dann in Richtung meines Bauchs wandern.

»Oh Lenn«, stöhne ich leise und spüre, wie er mit seinen Händen versucht, unter meine Bluse zu gelangen.

»Den Rock hätte ich dir jetzt einfach hochgeschoben, nun muss ich aber deine Bluse aufknöpfen«, flüstert er mir ins Ohr. Ich spüre seinen Atem in meinem Ohr und nicht nur den, sondern auch die Beule in seiner Hose, die sich an meinen Po reibt. Ihn scheint diese ganze Situation wahnsinnig heißzumachen und mich hat er jetzt auch ...

Abrupt hört er auf, tritt zur Seite und nimmt sich etwas zu essen. Ich richte meinen Hosenanzug und knöpfe mich wieder zu.

›Das war knapp, aber unglaublich heiß ...‹

Susa betritt den Raum und schaut mich merkwürdig an, da ich immer noch mit meiner Bluse beschäftigt bin. Ihr Blick wandert zwischen Lenn und mir hin und her.

»Deine Bluse ist falsch geknöpft«, zischt Susa. Würde vor der Tür keine Presse warten, wäre sie bestimmt laut geworden. Sie wäre ausgerastet, garantiert.

»Lenn, wusstest du, dass neuerdings viele Kinder nach dir benannt werden?«, frage ich ihn, während wir uns alle wieder hinsetzen. Er lächelt.

»Das freut mich zu hören. Ich möchte später auch mal Kinder, aber die nenne ich dann nicht Lenn«, sagt er mit einem Zwinkern. »Und mit der richtigen Frau an meiner Seite, macht das Kinder machen ja schon Spaß«, sagt er und schaut mich dabei an.

›Was will er mir damit sagen?‹

Mir bleibt keine Zeit, um darüber nachzudenken.

»Reiß dich zusammen!«, zischt sie.

Er grinst nur.

»Eine schöne Überleitung. Ich weiß, ihr habt die Frage heute schon mal gehört, aber um wen geht es in deinem Song?«, mache ich weiter.

Er grinst noch breiter.

»Das wüssten alle gern. Aber mir ist es nur wichtig, dass die, um die es geht, weiß, dass sie gemeint ist.«

»Wir unterhalten uns nachher noch«, flüstert Susa sauer in Lenns Richtung. Er darf sich später noch was von Susa anhören, ahne ich.

Zum Glück bin ich nicht dabei.

»Die Nächsten warten schon draußen, oder hast du noch eine Frage, Malena?«, fragt Susa. Ich schüttle meinen Kopf. »Nimm dir gern noch etwas zu essen oder zu trinken. Draußen steht ein Präsent für dich bereit und dann wünsche ich dir nachher noch viel Spaß beim Konzert.«

»Danke, Susa.«

Sie hält mich am Arm fest. »Du bist die Frau aus Lenns Song, richtig? Ich weiß, dass du es bist, ich habe euch durchschaut. Ich hoffe, du weißt, worauf du dich einlässt«, flüstert sie mir ins Ohr. »Und ich hoffe, dir ist klar, was das für Lenns Karriere bedeutet!«

Ihr Ton wird schroffer. Natürlich ist mir und auch Lenn bewusst, was das für ihn bedeutet, wenn es raus kommt. Aus diesem Grund halten wir es ja auch geheim.

Er weiß, dass einige Fans ihm den Rücken kehren würden, obwohl es dafür keinen Anlass gibt. Denn er hört ja nicht auf, Musik zu machen, nur weil er eine Frau an seiner Seite hat. Davon abgesehen würde uns die Presse auch nicht in Ruhe lassen.

»Susa, hör auf! Lass mich los!« Ich reiße mich los und funkle sie an. Es reicht mir endgültig. »Ja, ich bin die Frau, für die Lenn den Song geschrieben hat, und mir ist bewusst, auf was ich mich einlasse, denn ich liebe ihn und er liebt mich.«

Damit lasse ich sie stehen.

Zwei Stunden später erreicht mich eine Nachricht von Lenn: *Susa hat wohl nicht locker gelassen oder warum hast du ihr von uns erzählt?*

Es tut mir leid, sie hat mich provoziert, antworte ich.

Er antwortet sofort: *Sei froh, dass du nicht dabei warst, als sie wütend der ganzen Crew davon erzählt hat. Und dann haben sie nicht so reagiert, wie sie es gehofft hat. Denn alle haben sich für uns gefreut. Ich soll dir liebe Grüße ausrichten.*

Ich bin erleichtert, dass er nicht sauer ist. Nun hat das Versteckspiel wenigstens vor seiner Crew ein Ende. Und ich freue mich auf das letzte Konzert.

Lenn kündigt den Song an. »Ich weiß, ihr wollt alle wissen, für wen ich den Song *Bei dir* geschrieben habe. Da heute meine Tour endet, verrate ich es euch.«

›*Nein, das macht er jetzt nicht wirklich.*‹

Ich drehe mich um und will gerade gehen, doch in der Menge komme ich kaum voran.

»Sie ist hier, irgendwo da unten steht sie«, ruft Lenn und schaut in die Menge. Die Fans werden unruhig und schauen sich um. Ich atme erleichtert auf, als Lenn winkt. »Da ist sie!«

Er weiß mal wieder ganz genau, wo ich stehe, und schaut in die andere Richtung. Ich bin erleichtert.

Nach dem Konzert hole ich meinen Koffer von der Rezeption im Hotel ab. Lenn hat mir eine Nachricht hinterlassen: *Nächstes Mal ziehst du bitte einen Rock an, dann haben wir mehr Spaß! Ich vermisse dich jetzt schon und kann es kaum erwarten, dich morgen zu sehen.*

Ich mache mich auf den Weg zum Bahnhof, im Zug lese ich mir noch mal seine Nachricht durch.

»Ich vermisse dich auch«, flüstere ich. Es fühlt sich gut an, dass mehrere Monate vor uns liegen, in denen wir zusammen sein können. Ich weiß zwar nicht, was die Zukunft bringt, aber solange Lenn ein Teil von ihr ist, werden wir zusammen alles hinbekommen.

Ich drücke mein Telefon an meine Brust und stelle mir vor, er wäre es.

»Du bist doch mein Ein und Alles«, sage ich lächelnd.

Bei dir

Bei dir kann ich sein,
so wie ich bin
Du fängst mich auf,
lässt mich nicht fall´n
Bist immer da,
wenn ich dich brauch´
Ob Tag ob Nacht
egal was kommt

Bei dir kann ich sein
Bei dir lass´ ich mich fall´n
Bei dir bin ich ich
Bei dir, bei dir

Lass dich nicht geh´n
was auch passiert
Gehören zusamm´
für jetzt und hier
Für immer wir
Für immer wir

Bei dir kann ich sein
Bei dir lass´ ich mich fall´n
Bei dir bin ich ich
Bei dir, bei dir

Bei dir kann ich sein
Bei dir lass´ ich mich fall´n
Bei dir bin ich ich
Bei dir

Copyright & Text: Emilia deLuca
Text: Emilia deLuca, ViJay
Komposition und Gesang: ViJay als Lenn

Mehr von Emilia deLuca:

Ein Makler für Mathea

Nachdem Mathea ihren Freund mit einer Anderen erwischt, ist für sie klar, dass sie ein neues Kapitel in ihrem Leben aufschlagen muss – eine neue Wohnung inklusive.
Bei der Wohnungsbesichtigung lernt sie ihren Makler Louis kennen, und es funkt sofort zwischen den beiden. Die Suche nach einem neuen Zuhause wird so zu einer unerwartet heißen Begegnung, der sich weder Mathea noch Louis entziehen können.

ISBN: 978-3-384-13134-8

Kristin Wöllmer-Bergmann

Myrica

"Ich war es also, die diesen wichtigen Auftrag erhielt. Ich musste mein Zuhause retten und beweisen, dass ich mehr war, als alle dachten. Ausgerechnet ich."

In Lupas Adern fließen zwei Blutlinien: Sie ist zur Hälfte Sirene und zur anderen ein Wolfsblut. Doch auf ihrer wichtigen Mission muss sie sich allein auf ihr Sirenenblut und die Macht ihrer Stimme verlassen.

Denn über dem magischen Orden, in dem sie lebt, schwebt eine dunkle Gefahr und egal wie viel Angst sie davor hat, sie ist eine der wenigen, die etwas dagegen tun kann.

Ein magisches Abenteuer beginnt.

ISBN: 9783752646184

Claudia Fischer

Your Song - Safe Haven

"Wir beide waren nicht füreinander bestimmt. Und je eher er das begriff, umso besser war es. Für uns beide."

Dein Name ist Sophia Hansen.
Du bist jung, witzig, bildhübsch und Single - und nicht gewillt, an dieser Tatsache etwas zu ändern.
Zu schwer lastet die familiäre Vergangenheit auf deinen Schultern.
Bis du im Eifer des Gefechts diesem Kerl eine Stahltür ins Gesicht rammst.
Sein Name ist Alexander Seidler. Rhythmusgitarrist der Rock Legends.
Ein waschechter Rockstar. Und er will dich.
Aber du kannst nicht. Du kannst ihn aber auch nicht vergessen.
Kurz darauf begegnest du ihm ein zweites Mal.

ISBN: 979-8416004583

Danksagung

Zuerst möchte ich mich bei meinen Lesern
bedanken. Danke, dass ihr mein Buch lest und für
euer Feedback, Rezensionen und Bewertungen.
Eure Bewertungen helfen mir sehr, auch wenn ihr
anderen mein Buch empfehlt.
Ich freue mich über jedes Feedback und ich hoffe,
ich konnte euch mit meinem Buch gut unterhalten.

Ein großes Dankeschön gilt meinem Schreibbuddy
Kristin. Du bist mittlerweile auch eine gute
Freundin geworden. Ich danke dir, dass du immer
ehrlich zu mir bist und vieles hinterfragst. Danke
dafür!
Meiner Familie möchte ich auch danken, denn
dieses Buch wollte schnell geschrieben werden.
Danke für euer Verständnis!

Vielleicht sehen wir uns bei einer meiner
Lesungen.
Alles Liebe
Eure Emilia